AF192038

Engel schweben durch dein Leben

Kerstina von Hagenberg

Bibliografische Information der Deutschen Nationalbibliothek:
Die Deutsche Nationalbibliothek verzeichnet diese Publikation in der
Deutschen Nationalbibliografie; detaillierte bibliografische Daten sind im
Internet über http://dnb.dnb.de abrufbar.

© 2025 Kerstina von Hagenberg
Titelbild: pixabay GDJ

Verlag: BoD · Books on Demand GmbH, Überseering 33, 22297 Hamburg,
bod@bod.de
Druck: Libri Plureos GmbH, Friedensallee 273, 22763 Hamburg

ISBN: 978-3-8192-7967-6

„Denn in ihm wurde alles erschaffen,
im Himmel und auf Erden,
das Sichtbare und das Unsichtbare,
Throne, Herrschaften, Mächte und Gewalten,
alles ist durch ihn und auf ihn hin geschaffen.“

~ Kolosser 1,16 ~

Inhaltsverzeichnis

Einleitung

In allen Kulturen der Welt spielen Engel, Licht – oder Geistwesen eine große Rolle.

Schon in der Genesis wird erwähnt, dass Engel zwischen Gott und den Menschen vermitteln.

Die Tradition der Kabbala ist eine der ältesten Überlieferungen der Welt. Sie wurde Adam durch die Engel Raziel oder Sariel übermittelt.

Die Lehre von den Engeln (Angelologie) hat ihren Ursprung zum großen Teil in der Kabbala.

Kabbalisten erforschten die Tora, die ersten 5 Bücher der Bibel, und fanden 72 erwähnte Engel.

Der Glaube an Engel, wie ihn Christen praktizieren, ist ein Erbe jüdischer Überlieferung.

Seit ca. 600 v. Chr. werden Engel mit Namen benannt.

Im 5. Jahrhundert katalogisierte Dionysius Aeropagita (Pseudonym) die Engelklassen in drei Hierarchien mit je drei Chören und jeweils acht Schutzengeln und prägte so die Engelhierarchie nach christlich – kabbalistischer Tradition.

Je nach Rang weisen die Himmelsbewohner Unterschiede im Aussehen auf, wie zum Beispiel die Anzahl der Flügel, Kombinationen mit Tieren oder mehrere Gesichter.

Die neun Chöre

Es werden neun himmlische Klassen benannt, die den Heiligen Thron Gottes umkreisen, etwa so, wie in unserem Sonnensystem die Planeten ihre Bahnen um die Sonne ziehen.
Diese neun Engelschöre bilden drei Gruppen.

Obere Triade:
Die obere Triade ist Gott Vater zugewandt. Die Engel stehen in direkter Verbindung zu Gottes Licht, zur Liebe und zur Weisheit.
- Seraphim
- Cherubim
- Throne

Mittlere Triade:
Die mittlere Triade wendet sich Gottes Sohn zu. Diese Engel empfangen das Licht der oberen Triade und geben es an die untere Triade weiter. Sie sind mit dem Geist verbunden.
- Herrschaften
- Mächte
- Gewalten

Untere Triade:
Die untere Triade ist mit dem Heiligen Geist verbunden. Die Engel empfangen das Licht von der mittleren Triade und geben es an die Menschen weiter.
- Fürstentümer
- Erzengel
- Engel

Die 1. Triade

<u>Der 1. Chor: Seraphim</u>
Ser = höheres Wesen / Rapha = Heiler, Arzt
Sie zählen zu der höchsten Klasse göttlicher Diener.
Seraphim stehen vor dem Thron Gottes.

Seraphim sind Wesen aus reinem Licht, können sich aber verwandeln.
Sie zeigen sich in Form eines Wesens mit sechs Flügeln und vier
menschlichen Gesichtern, wovon jedes in eine andere Richtung schaut.
Manchmal werden die Flügel in roter Farbe beschrieben oder sie tragen
rot leuchtende Gewänder.
Volkstümlich werden Seraphim oft mit Schlangen und Drachen identifiziert
oder dargestellt. Dadurch ergibt sich eine Verbindung zum Heilersymbol,
dem Äskulap – Stab, zu Hermes Zauberstab, dem Merkur – oder Heroldstab.

Einerseits wird behauptet, es gäbe vier Seraphim, wie die vier
Himmelsrichtungen, andere Quellen sprechen von acht Seraphim.
Sie singen pausenlos fröhliche Lieder mit denen sie die Menschen
erklingen lassen möchten. Die Seraphim haben angeblich die höchste
Vibrationsfrequenz, sie senden den Schöpfungsgesang, die Urschwingung
des Lebens.
Ihr Schwerpunkt liegt in Liebe und Harmonie.

Jesaja beschreibt die Seraphim als „brennende" Engel, deren Aufgabe
es ist, Sünden auszulöschen.
Jesaja 6, 2 + 3: „Seraphim standen über ihm. Jeder hatte sechs Flügel: Mit
zwei Flügeln bedeckten sie ihr Gesicht, mit zwei bedeckten sie ihre Füße
und mit zwei flogen sie. Sie riefen einander zu: Heilig, heilig, heilig ist
der Herr der Heere. Von seiner Herrlichkeit ist die ganze Erde erfüllt."

Seraphim unterstützen die Liebe und die Nächstenliebe. Sie helfen den
Menschen, den freien Willen zu entwickeln. Das Schicksal innerhalb
der kosmischen Gesetze zu erkennen und den eigenen Lebensplan zu
finden wird durch sie gefördert.
Seraphim können von Sünden befreien.

Dem Chor der Seraphim steht Erzengel Metatron vor.

* Erzengel Metatron:
Metatron ist der Ranghöchste Engel, der „Statthalter des Himmels"
oder „König der Engel".
Er übermittelt Gottes Willen an Engel und Propheten, er ist die
„Stimme Gottes".
Im Talmud gilt er als Verbindung zwischen Gott und den Menschen.
Metatron ist der himmlische Schreiber, der über alles Buch führt, was
geschieht, und es in den ätherischen Archiven hinterlegt.

Mit einer Körpergröße von 2,40 bis 3,90 Meter ist er der größte Engel.
Und er ist der jüngste Engel, er ist erst ungefähr 8500 Jahre alt.
Metatron erscheint oft als Feuersäule, sein Gesicht leuchtet heller als
die Sonne. Er besitzt sechs Flügel.

Metatron wacht an der Schwelle des Universums. Er verwaltet den
Übergang zwischen Geist und Materie.
Metatron symbolisiert Anfang und Ende.
Seine Eigenschaften sind wie Feuer, sie brennen, lodern, verbreiten
Hitze und Licht.
Er beseitigt Unstimmigkeiten zwischen menschlichem und göttlichem
Willen.
Metatron hilft den Menschen an Fehlern und Schwächen zu arbeiten.
Er hilft das irdische Schicksal zu erkennen und anzunehmen. Metatron
lässt den wahren Lebenssinn finden und realisieren. Er hilft Visionen
wahzunehmen und zu deuten. Metatron erleuchtet und reinigt den Geist.
Er zeigt die Verbindungen zwischem allem, was existiert.
Metatron transformiert durch allumfassende Liebe.
Metatron steht in Verbindung zum Kronenchakra.

Metatron leitet den Engelschor der Seraphim:
1 – Vehuiah, 2 – Yeliel, 3 – Sitael, 4 – Elemiah, 5 – Mahasia, 6 – Lelahel,
7 – Achaiah, 8 – Kahetel

Der 2. Chor: Cherubim

Cherubim sind Diener und Begleiter Gottes. Sie haben eine Wächter – und Schutzfunktion.

Sie bewachen die Bundeslade mit den 10 Geboten.

Mit Flammenschwertern ausgestattete Cherubim beschützen den Eingang zum irdischen Garten Eden, dem Paradies (Gen 3,24).

Im Alten Testament werden Cherubim über 90 Mal erwähnt.

Sie kümmern sich um die Bewegung der Planeten und schützen das Licht und die Sterne.

Cherubim erstellen die Chroniken des Universums, sind die Schreiber des Himmels, die alles archivieren, was passiert.

Ihr Ziel ist Harmonie durch Weisheit und universelle Intelligenz.

Ein Cherub besitzt vier Flügel, die oft dunkelblau dargestellt werden.

Manche zeigen vier Gesichter: vorne ein Menschengesicht, hinten ein Adler, links ein Stier und rechts ein Löwe.

Am Ende ihrer kupferglänzenden Beine stehen sie auf Stierfüßen.

Manchmal werden sie als Mischwesen mit Löwenkörpern und Menschengesichtern dargestellt.

In Psalm 18,11 wird Gottes Thron vom Cherub getragen: „Auf einem Cherub flog er daher und schwebte herab, vom Sturm getragen."

Auch in 2. Samuel 22,11 wird gleiches berichtet: „Und er fuhr auf dem Cherub und flog daher, und er schwebte auf den Fittichen des Windes."

Die feine Schwingungen der Cherubim strahlen Wissen und Weisheit aus und verbreiten Harmonie.

Sie helfen Menschen bei der Suche nach spiritueller Entwicklung und Weisheit.

Dem Chor der Cherubim steht Erzengel Raziel vor.

* Erzengel Razi-el

Raziel ist „Gottes Geheimnis".

Er ist der Autor des Werkes „Bücher des Engel Raziel", die er Adam übergeben hat.
In diesem Buch sollen die 1500 Schlüssel zu den Geheimnissen des Universums verzeichnet sein, wie zum Beispiel die Kabbala und der Bau der Arche, dessen Anleitung er Noah überbrachte.
Er schützt die Alchemie und die Spiritualität.

Raziel besitzt vier Gesichter und vier Flügel.

Raziel ist ein Engel der geheimen Regionen und der höchsten Mysterien.
Er vermittelt Weisheit und Wissen durch Liebe.
Seine dynamische Kraft präsentiert die Fruchtbarkeit des Universums.
Er ist der Engel der Wunder, der Magie, der göttlichen Geheimnisse.

Raziel kann ein günstiges Mileu schaffen, in dem sich das Schicksal ausdrückt. Er unterstützt die Persönlichkeitsentwicklung und lässt Gaben und Talente erkennen.
Raziel fördert die positive Selbstwahrnehmung und stimmt auf das höhere Selbst ein. Er schenkt Klarheit über sich und andere Menschen.
Raziel hilft spirituelles Verständnis zu entwickeln und erklärt universelle Zusammenhänge. Er enthüllt verborgene Geheimnisse und schenkt Hellsicht und übersinnliche Erfahrungen.
Raziel fördert die Manifestation von Herzenswünschen. Er kann die Seele befreien und traumatische Erlebnisse auflösen. Raziel heilt schmerzhafte Erinnerungen und karmische Lasten.
Er vermittelt Wissen über Heilung.

Raziel leitet den Engelschor der Cherubim:
9 – Haziel, 10 – Aladiah, 11 – Lauvuel, 12 – Hahaiah, 13 – Yezalel, 14 – Mebahel, 15 – Hariel, 16 – Hakamiah

3. Chor: Throne

Throne tragen und stützen den Thron Gottes. Sie unterstützen ihn, gerechte Entscheidungen zu treffen. Throne achten darauf, das alles in Bewegung bleibt und auf den Zyklus der Zeit. Throne erhalten die Lebensenergie und sorgen für den reibungslosen Ablauf der Naturgesetze. Sie vermitteln den kosmischen Willen.
Throne dienen Jesus.

Unter ihren Körpern befinden sich vier feurige Räder, die in verschiedene Richtungen weisen und sich wie ein Ball drehen. Throne werden mit vielen Augen beschrieben, – auf ihren Rädern und auch auf den Flügeln. Sie tragen eine Krone auf dem Kopf und in den Händen Palmen und einen Thron. Häufig werden sie in gelber Kleidung dargestellt.
Sie werden selbst zu Rädern, wenn Gott auf seinem Thronwagen Merkaba durch den Himmel fahren möchte.

Die Räder stehen für das Bewusstsein von Ursache und Wirkung,
dass jede Entscheidung ein Ergebnis nach sich zieht.

Sie bringen den Menschen Fairness und Gerechtigkeit.
Throne können den Menschen helfen, Wissen über sich selbst zu erhalten, um den Sinn irdischer Prüfungen zu erkennen.
Sie bringen den Menschen Mut und Willen und können Leiden lindern.
Throne helfen Menschen, Gedanken in Materie zu verwandeln.

Dem Chor der Throne steht Erzengel Zaphkiel vor.

* Erzengel Zaphkiel
Zaphkiel (Zafkiel) betrachtet Gott, er ist der „Buchhalter Gottes".

Er ist der Hüter göttlicher Ordnung und kontrolliert die Matrix des Lebens.
Zaphkiel leitet die Kräfte des Universums, das Schicksal und die Inkarnation der Menschen und den Gang der Sterne und des Lichts.
Er wacht über das Karma und das Gewissen der Welt.

Zaphkiel hat vier Gesichter, vier Flügel, ein friedliches und weiches Gesicht und hält in seiner Hand ein Schriftstück.

Zaphkiel lässt Menschen an den Prüfungen des Lebens wachsen.
Er steht bei, wenn sie durch Leiden lernen.
Zaphkiel schenkt Licht und Reinheit und hilft den Menschen, sich ganz auf Gott einzustellen. Er hilft die Wahrnehmung auf Positives auszurichten.
Er versorgt die Menschen mit Intelligenz, Weisheit, Klugheit und Reife.
Zaphkiel wacht über der Gerechtigkeit.
Er schenkt Hingabe, Sinnlichkeit und Liebe.
Zaphkiel unterstützt Meditationen, schützt den Atem und die Alchemie.

Zaphkiel leitet den Engelschor der Throne:
17 – Lauviah, 18 – Caliel, 19 – Leuviah, 20 – Pahaliah, 21 – Nelchael, 22 – Yeiaiel, 23 – Melahel, 24 – Haheuiah

Die 2. Triade

Alle Engel der 2. Triade zeigen sich barfuß.
Sie sind eins mit Gott und dem Urgrund und lenken und verwalten
das Weltgeschehen.
Diese Engel sind ständig damit beschäftigt, Gegensätze zu versöhnen.

Der 4. Chor: Herrschaften

Die Herrschaften kümmern sich um die Ordnung im Universum.
Sie vergeben die Aufgaben an die niederen Engel, organisieren und
kontrollieren ihre Pflichten.
Die Herrschaften überbringen göttliche Gnade. Sie bewahren die Tugenden
und die Weisheit.
Herrschaften hauchem allem den Lebensäther ein.

In der linken Hand tragen sie einen Stab mit einem Kreuz oder ein Zepter, in
der rechten Hand eine Kugel oder ein Siegel mit einem Christusmonogramm.
Sie werden oft in grün – goldenen Gewändern gezeigt und mit einem
Heiligenschein.
Ihre Gesichter haben menschliche Züge und sie besitzen zwei Flügel.

Die Herrschaften helfen den Menschen, die eigene Meinung, Gnade und
Güte zu entwickeln und Freude zu verbreiten. Sie stärken das Vertrauen
des Menschen in sich selbst, in andere und vor allem in Gott.
Herrschaften zeigen Wege, um die inneren Feinde zu bezwingen und
Erlösung zu erreichen. Sie unterstützen Menschen, um sich auzusöhnen,
zu vergeben und Frieden im Herzen zu finden.
Sie geben Kraft und Inspiration, um gegen Begierden anzugehen.

Dem Chor der Herrschaften steht Erzengel Zadkiel vor.

* Erzengel Zadkiel
Zadkiel ist der „Hüter der Gerechtigkeit und des spirituellen Erwachens".

Erzengel Zadkiel trägt die Verantwortung für die Gerechtigkeit und wird zum Wohlwollen Gottes aktiv.
Er vermittelt zwischen den Menschen und Gott.

Erzengel Zadkiel wird meistens mit vier Flügeln, einem purpurrotem Gewand und einem erhobenen Dolch dargestellt, außerdem trägt er einen Kelch mit sich. Er besitzt in der Mitte der Stirn ein drittes Auge.

Zadkiel bringt die irdischen Aktivitäten mit göttlicher Gerechtigkeit in Einklang. Er hilft den Menschen, sich vom Ego zu lösen und kosmische Gesetzmäßigkeiten zu erkennen. Er lüftet die Zusammenhänge zwischen dem irdischen Sein und der spirituellen Seele.
Zadkiel bringt den Menschen Vergebung für ihre Fehler und er lehrt, anderen zu vergeben, vermittelt Gnade und Barmherzigkeit. Er hilft Konflikte durch Empathie zu lösen. Zadkiel bringt alles in Einklang.
Er lehrt, anderen immer fair, offen und tolerant zu begegnen.
Zadkiel trägt bei Rechtsstreitigkeiten zur Beilegung und Klärung bei.
Er unterstützt positive Umstrukturierungen im Leben und verhilft ihnen zu erblühen.
Zadkiel unterstützt die spirituelle Entwicklung, damit Menschen Göttliches in sich entdecken können. Durch Transformation verhilft er der Seele zur Vollendung, zeigt den Menschen Möglichkeiten auf, um sich auf feinstofflicher Ebene zu entwickeln.
Er führt zu Zuversicht und Gottvertrauen.
Zadkiel vertreibt schlechte Gefühle und Gedanken. Er treibt das Denken an, kräftigt das Gedächtnis und regt das Erinnerungsvermögen an.
Er baut die Brücken zwischen den Gebeten der Menschen und den Himmelswesen, die ihn erhören können.
Er ist der Schutzpatron der Richter, Anwälte und Juristen.

Zadkiel leitet den Engelschor der Herrschaften:
25 – Nith – Haiah, 26 – Haaiah, 27 – Yerathel, 28 – Seheiah, 29 – Reyiel, 30 – Omael, 31 – Lecabel, 32 – Vasariah

Die Mächte werden auch „Strahlende" oder „Leuchtende" genannt.
Zwei von ihnen haben Jesus zum Himmel geleitet. Zwei von ihnen
waren bei der Geburt von Kain dabei.

Die Mächte sind die Bewahrer der Vorsehung, sie wachen über der
gottgewollten Ordnung und vollziehen Gottes Willen. Sie sind die
himmlischen Verwalter.
Die Mächte kümmern sich um die Zyklen der Planeten und Sterne und
halten sie in ihren Bahnen. Sie reinigen das Universum von niederen
Energien.
Mächte steuern das Gedeihen der Natur, das Wachstum von Tieren,
Menschen und Pflanzen und sie halten die Weltenkräfte in Bewegung.
Mächte sind sehr praktisch veranlagt. Sie hüten die Wahrheit.

Mächte zeigen sich als Gestalten ähnlich den Menschen, mit weißen
Flügeln und in langen Gewändern. Meistens tragen sie Handwerkszeug
mit sich. In der rechten Hand halten sie eine Dornenkrone, in der linken
den Kelch des Heils.

Die Mächte stehen häufig mit Menschen in Verbindung, die für Gutes
kämpfen. Sie helfen mutig, tapfer und zielgerichtet vorzugehen.
Sie lösen Angst vor der Zukunft und Schuldgefühle aus der Vergangenheit
auf. Ihre stärkende Kräfte helfen Menschen Prüfungen zu bestehen.
Sie können Wohltaten in Form von Wundern schenken.

Dem Chor der Mächte steht Erzengel Kamael vor.

* Erzengel Kamael
Kamael (Chamuel) ist der Engel der Liebe, „ Kraft des Herzen Gottes".

Seine Energie ist zärtlich und sanft.
Er erfreut sich an der Schönheit der Welt.

Dargestellt wird Kamael oft mit vier weißen Flügeln, einem flachen Schwert und einem Kelch, in einem orangenen Gewand und mit einem leuchtenden Herzen.

Kamael bringt Stärke und Mut für die Selbstliebe, die Menschen brauchen, um ihre Bestimmung zu finden und sich behaupten zu können. Selbstliebe ermöglicht es auch, andere zu lieben. Durch bedingungsloses akzeptieren, respektieren und lieben des Selbst wird Nächstenliebe möglich.
Kamael führt Liebende zueinder, hilft Seelenverwandte und wahre Freunde zu finden.
Er hilft bei der Sehnsucht nach Geborgenheit, Zärtlichkeit und Liebe.
Kamael unterstützt die Fruchtbarkeit und Fortpflanzung.
Er bildet Verständnis und Toleranz aus, die für Empathie notwendig ist.
Kamael begleitet bei Auseinandersetzungen, verhilft zu konstruktiven Lösungen bei Konflikten, schenkt Einsichten und führt in die Versöhnung.
Kamael strebt Harmonie, Ausgeglichenheit und Balance an.
Er bringt Erkenntnisse in die eigenen Fehler und Projektionen und zeigt die Botschaften hinter Problemen auf. Er verteidigt die Gerechtigkeit.
Kamael fördert Gruppenbildungen und Teamgeist und entfacht die Leidenschaft für gemeinsame Ziele.
Er unterstützt und schätzt es, wenn sich Menschen für andere einsetzen und Zivilcourage zeigen.
Mit seinem Sinn für Schönheit und Ästhetik fördert er Kreativität und Inspiration. Er unterstützt die Selbstverwirklichung.
Kamael löst die Schatten der Vergangenheit auf und kann helfen, Verlorenes wiederzufinden.
Er schenkt schüchternen, zurückhaltenden und ängstlichen Menschen Mut, um sich zu öffnen.
Er ist der Patron der Liebenden, der bildenden Künste und der Musik.

Kamael leitet den Engelschor der Mächte:
33 – Yehuiah, 34 – Lehahiah, 35 – Khavaquiah, 36 – Menadel, 37 – Aniel, 38 – Haamiah, 39 – Rehael, 40 – Ieiazel

Der 6. Chor: Gewalten

Die Gewalten sind wahrscheinlich die ersten von Gott erschaffenen Engel.
Sie werden auch Elohim genannt.
Sie bewohnen die gefahrvolle Grenzregion zwischen dem ersten und
zweiten Himmel, bewachen die Übergänge und schützen den Himmel vor
negativen Einflüssen. Die Gewalten balancieren Kräfte aus.
Sie bemühen sich um den kriegerischen Mars.
Die Gewalten sorgen für das Gleichgewicht zwischen Himmel und Erde.
Sie sind Lichtbringer.
Sie unterstützen die göttliche Vorsehung und führen Gottes Pläne aus.
Gewalten pflegen und formen Menschen, Tiere und Pflanzen.

Gewalten werden meistens mit einem Donnerkeil, einem flammenden
Schwert oder einem goldenen Stab dargestellt.

Gewalten helfen Menschen ihre wahre Identität zu finden. Sie tragen
dazu bei, dass Menschen den freien Willen und Disziplin entwickeln.
Gewalten schützen Menschen vor Feinden. Sie bewachen die Träume,
helfen Wunschgedanken zu formulieren und Visionen zu verwirklichen.

Dem Chor der Gewalten steht Erzengel Michael vor.

* Erzengel Micha-el
Er ist der „Fürst der himmlischen Heerscharen", der Oberste der Erzengel.

Michael und Gabriel sind die einzigen, die im Alten Testament erwähnt
werden.
Erzengel Michael soll Jesus in den Himmel geleitet haben.
Laut dem Koran werden die Tränen, die Michael über Sünden weint,
zu Cherubim.

Michael gewann den Kampf gegen den Drachen (Teufel), der einen
großen Teil der Sterne zerstörte. Deshalb gilt er als Beschützer und
Verteidiger des Himmels.
Offenbarung 12,7: „Da entbrannte im Himmel ein Kampf; Michael
und seine Engel erhoben sich, um mit dem Drachen zu kämpfen."

Michael erschien einige Male auf der Erde, unter anderem zeigte er sich 1425 der Jungfrau von Orléans und forderte sie auf, Frankreich zu retten. Im Jahr 590 befreite er Rom von der Pest.

Weil Daniel trotz Verbot nicht aufhören wollte zu beten, wurde er in eine Löwengrube geworfen. Als diese am nächsten Tag geöffnet wurde, war Daniel unversehrt.
Daniel 6,23: „Mein Gott hat seinen Engel (Michael) gesandt und den Rachen der Löwen verschlossen."

Michaels Hauptaufgaben bestehen in Schutz und Geleit.
Er entscheidet, welche Seelen in den Himmel dürfen und geleitet die Toten ins Jenseits.

Michael wird meistens mit einer Waage dargestellt und einem Schwert, mit dem er Gut und Böse trennen kann. Auch trägt er oft einen Brustpanzer und ein Schild. Manchmal sind seine Flügel mit Pfauenfedern geschmückt. Meistens strahlt sein Nabel gelb. Sein Gewand ist oft blau und / oder rot. Seine Strahlen sind blau.

Michael ruft in den Menschen Erinnerungen an göttliche Energien wach. Er hilft den Menschen, ihre Stärken klar zu erkennen und mutig einzusetzen, ihre eigenen Wahrheiten zu erkennen und anzunehmen.
Michael stärkt die persönliche Intuition.
Er gibt den Menschen Sicherheit, Geborgenheit und Schutz. Michael schenkt Vertrauen und leitet durch Krisen, weil er zerstörende Kräfte vertreiben kann. So unterstützt er in Notsituationen und bei Kraftlosigkeit und stärkt die Motivation. Er trennt Verstrickungen und Anhaftungen. Michael tröstet in Zeiten des Opferschmerzes. Er kann Albträume auflösen. Michael schützt vor schlechten Menschen und solchen, die vom Weg abbringen.
Er unterstützt ganzheitliche Heilungen.
Michael gilt als Schutzpatron der Polizisten, Soldaten, Armen und Kranken.

Michael leitet den Engelschor der Gewalten:
41 – Hahahel, 42 – Mikael, 43 – Veuliah, 44 – Yelahiah, 45 – Sealiah, 46 – Ariel, 47 – Asaliah, 48 – Mihael

Die 3. Triade:

Diese Chöre wurzeln im Bereich des ersten Himmels, was an das zeitliche, materielle Universum grenzt. Deshalb sind diese Engel die ersten, die unsere Gebete hören.
Sie überwachen irdische Angelegenheiten und bringen Nachrichten und Informationen von Gott zu den Menschen.

7. Chor: Fürstentümer:
Ein Fürst soll David geholfen haben Goliath zu erschlagen.
Diese Engelklasse ist zuständig für die Obhut großer Städte und Völker und leiten die irdischen Gemeinschaften. Fürstentümer unterstützen Regierungen und Staatsmänner Entscheidungen zu treffen. Gemeinschaften sind ihnen vorrangig wichtig.
Sie beschützen die Wahrheiten der Religionen und setzen religiöse Ordnungen durch.
Die Fürstentümer präsentieren das Denken, die geistige Energie und das Bewusstsein und fördern diese Entwicklungen in den Menschen.
Sie überwachen die Arbeit der Schutzengel und mischen sich ein, wenn sie es für richtig halten.

Die Fürsten werden wie Menschen dargestellt, sie tragen häufig eine Krone auf dem Kopf und ein Zepter oder Schwert in der Hand, manchmal halten sie eine Lilie. Auf der Brust ist oft ein Kreuz dargestellt. Ihre zwei Flügel schimmern hellblau.

Sie sensibilisieren die Menschen für die Schönheit der Welt.
Fürstentümer bringen gute Ideen und Pläne ins Bewusstsein und treiben die Entwicklung an. Sie können Gedanken in eine positive Richtung lenken.
Fürsten helfen mit Schwierigkeiten fertig zu werden.
Sie wecken und verstärken in uns die Macht der Liebe.
Fürsten fördern den Ausgleich der Chakren.

Dem Chor der Fürstentümer steht Erzengel Haniel vor.

* Erzengel Hani-el
Haniel steht für die Gnade Gottes, „Gott ist mein Licht".

Haniel zeigt sich in einem rosa Gewand, er hat weiße Flügel und trägt
eine weiße Rose.

Haniel schenkt Charme und hilft, die Bande der Liebe zu knüpfen, er
tröstet bei Liebeskummer und ermuntert zu neuem Liebesglück.
Er vermittelt neue Freundschaften.
Haniel ist ein Heilengel, der vergessene Therapien vermittelt.
Er schenkt Sinn für Schönes und Anmutiges.
Haniel vermittelt Hellsicht und übersinnliche Wahrnehmungen.
Durch ihn kann Bewusstsein im Alltag gelebt werden.
Er fördert Erkenntnisse, die den Geist klären und Illusionen offenbaren.
Haniel stärkt das Selbstbewusstsein und die Sicherheit.
Er versorgt mit Gelassenheit, Mut, Zuversicht und Durchhaltevermögen.
Haniel schenkt Ruhm und Ansehen. Er unterstützt den Fortschritt.
Bei wichtige Anlässen schenkt er Ruhe und Ausgeglichenheit.
Er kann die Chakren öffnen.

Haniel leitet den Engelschor der Fürstentümer:
49 – Vehuel, 50 – Daniel, 51 – Hahasiah, 52 – Imamiah, 53 – Nanael,
54 -Nithael, 55 – Mebahiah, 56 – Poyel

Der 8. Chor: Die Erzengel

Die Erzengel befinden sich laut Offenbarung vor Gott. Sie stehen von Anbeginn im Dienst von Gott und gelten als seine engsten Begleiter. Die Erzengel werden als direkte Gottesboten angesehen. Sie befehligen auch die Legionen des Himmels. Erzengel setzen Gottes Konzepte um. Sie führen die Schar der Schutzengel an, vergeben ihnen Aufgaben und helfen allen Engeln ihre Aufgaben zu erfüllen.

Jeder Erzengel hat seinen eigenen Bereich.

Die Erzengel aktivieren den Lebensplan in den Menschen. Sie unterstützen die spirituelle Entwicklung in den Menschen und helfen Zugang zu kosmischem, universellen Wissen zu bekommen. Erzengel helfen Materie zu synthetisieren und kreativ umzusetzen. Sie ermöglichen es, Gutes und Schlechtes zu unterscheiden.

Als Feiertag der Erzengel gilt der 29. September.

Die römisch – katholische Kirche akzeptiert nur drei Erzengel: Gabriel, Raphael und Michael.
Andere christliche Institutionen erkennen sieben Engel an.
Nach jüdischer Tradition wird von 12 Erzengeln gesprochen.
Der Koran erkennt nur vier Erzengel an und benennt nur zwei mit Namen: Jibriel (Gabriel) und Michael.

Dem Chor der Erzengel steht Raphael vor.

* Erzengel Rapha-el

Raphael ist einer der sieben Engel, die an Gottes Thron stehen, „Gottes Kraft heilt".

Er ist der Schutzengel für den Baum des Lebens im Garten Eden. Raphael gehört gleichzeitig zu den Cherubim, den Herrschaften und den Gewalten.

Er beschäftigt sich mit Weisheit, Naturwissenschaften und mit der Gegenwart.
Seine Hauptaufgabe besteht in der Heilung auf allen Ebenen, – körperlich, emotional, spirituell und mental.
Er kümmert sich um die göttliche Ordnung und stellt sie wieder her.

Erwähnt wird der Erzengel Raphael im Buch Tobit, Spätschrift des Alten Testamentes, zum Beispiel Tob 5,4: „Tobias ging auf die Suche nach einem Begleiter und traf dabei Raphael; Raphael war ein Engel, aber Tobias wusste das nicht."
Tob 12,15: „Ich bin Raphael, einer von den sieben heiligen Engeln, die das Gebet der Heiligen emportragen und mit ihm vor die Majestät des heiligen Gottes treten."

Raphael schenkte Noah ein Medizinbuch.

Raphael wird meistens als Pilger dargestellt mit sechs majestätischen Flügeln. Er trägt eine Wandertasche, einen Stab mit Schlange (Äskulap – Stab), einen Kelch oder eine Phiole mit Balsam. Häufig wird er mit einem Fisch abgebildet.

Raphael hilft Krankheiten anzunehmen und selbst zu erkennen, was nötig ist, um wieder gesund zu werden. Er unterstützt durch Regeneration und Erneuerung. Seine heilende Kraft ist die Liebe.
In der Wissenschaft kann er zu Erneuerungen und Durchbrüchen verhelfen.
Raphael unterstützt die Konzentration.
Das Lösen von negativen Einstellungen und Gedankenmustern fällt mit seiner Hilfe leicht. Er hilft beim Transformieren der Vergangenheit, traumatische Erlebnisse loszulassen und ein tieferes Verständnis für Gefühle zu erlangen.
Raphael hilft bei allen „kranken Situationen", also auch im Geschäftsleben oder im Zusammenleben.
Raphael ermöglicht heilsame Beziehungen. Er ist kameradschaftlich, fröhlich und lustig und fördert den Humor. Lachen ist die beste Medizin.
Er fördert auch die Empathie, die Hilfs – und Heilbereitschaft.
Erzengel Raphael verstärkt den Bezug zur Natur und das Schätzen der Umwelt.

Er unterstützt bei Trauer – und Trennungsschmerzen und kann den
Sterbeprozess erleichtern.
Gegen gebrochene Herzen und Liebeskummer verteilt Raphael Balsam.
Auf spiritueller Ebene hilft er dabei, „Eins zu werden".
Raphael unterstützt auch „innere Reisen" und transformatorische Erlebnisse.
Er öffnet Türen zu höherem Bewusstsein und innerer Weisheit.
Raphael sorgt für Harmonie, Einklang, Geborgenheit, Leichtigkeit und
Entspannung. Er wirkt gegen Verbitterung, Unzufriedenheit und Resignation.
Er schützt in bedrohlichen Situationen.
Raphael ist der Schutzpatron der Heiler, Apotheker, medizinischer Berufe,
der Kranken, aber auch der Reisenden, Pilger, Seefahrer und Blinden.

Raphael leitet den Engelschor der Erzengel:
57 – Nemamiah, 58 – Yeialel, 59 – Harahel, 60 – Mitzrael, 61 – Umabel,
62 – Iah – Hjel, 63 – Anauel, 64 – Mehiel

Der 9. Chor: Die Engel

Die Engel sind Boten und Kuriere und vermitteln zwischen Oben und Unten.
Sie sollen schon vor dem zweiten Schöpfungstag entstanden sein.
Diese Engel stellen reine Geistwesen ohne Materie dar. Sie sind Essenz aus rein göttlicher Liebe.
Engel spielen in allen abrahamistischen Religionen eine Rolle, bei Muslimen, wie bei Juden und Christen.

Engel schenken Mut, Mitgefühl, Liebe, Hingabe, Heilung, Frieden und Energie. Sie stehen den Menschen als Helfer und zur Unterstützung für Gutes zur Verfügung.

Dem Chor der Engel steht Erzengel Gabriel vor.

* Erzengel Gabri-el

Gabriel gilt als Bote Gottes, „Gott ist meine Stärke (Kraft)".
Er sitzt zur Linken Gottes.
Der Wortteil Gabri wird mit Gubernator, Steuermann, Lenker oder Regent übersetzt.

Gabriel herrscht über die Seraphim und die Cherubim und gilt als der Verwalter des Garten Eden.

Im Islam gilt er als Engel der Weisheit, er diktierte Mohammed den Koran.
Im Judentum, wie im Christentum ist er der Engel der Verkündigung, der Auferstehung, der Gnade, der Offenbarung und des Todes.

Gabriel wird in der Bibel mehrfach namentlich erwähnt.
Sein bekanntester Auftritt in der Bibel bezieht sich auf die Ankündigung der Geburt von Jesus Christus.

Lukas 1,26 ff: „Im sechsten Monat wurde der Engel Gabriel von Gott in eine Stadt in Galiläa namens Nazaret zu einer jungen Frau gesandt. Sie war mit einem Mann namens Josef verlobt, der aus dem Hause David stammte. Der Name der jungen Frau war Maria."

Lukas 1,19: „Der Engel antwortete und sprach zu ihm: Ich bin Gabriel, der vor Gott steht, und bin gesandt, mit dir zu reden und dir dies zu verkünden."
Daniel 8,17: „Und Gabriel trat nahe zu mir."

Erzengel Gabriel wird oft mit weiblichen Zügen dargestellt und gilt als einziger Engel, dem es möglich ist als Frau zu erscheinen. Er wird meistens mit sehr feinen Gesichtszügen oder androgyn dargestellt. Er wird in weißer Kleidung gezeigt. Gabriel trägt eine Lilie bei sich (Madonnenlilie), häufig auch eine Schriftrolle, eine (rubinrote) Laterne, eine Fackel, einen Olivenzweig oder eine Posaune. Manchmal wird behauptet, dass er 140 Paar Flügel besitzt.

Gabriels Hauptthemen sind Verkündungen, Reinheit, Klarheit und Spiritualität. Er gilt als Vermittler zwischen Himmel und Erde.
Er herrscht über das Wasser und alle Flüssigkeiten.
Gabriel unterstützt die Empfängnis, Schwangerschaft und Geburt.
Er beschützt Babys schon während der Schwangerschaft und steht Müttern und Kindern zur Seite. Er kümmert sich um Fruchtbarkeit, Wachstum, Geburt und Wiederauferstehung. Gabriel begleitet die Seelen ungeborener Kinder durch die Schwangerschaft.
Er sorgt dafür, dass die Menschen Gottes Botschaften verstehen und sie in ihren Herzen ankommen.
Erzengel Gabriel schenkt neue Perspektiven und Ziele, mindert die Orientierungslosigkeit und hilft den eigenen Lebensplan zu definieren.
Er öffnet Menschen für Neues und Gutes und fördert Veränderungen.
Gabriel löst Stagnationen und hilft Entscheidungen zu treffen.
Er gibt Hoffnung durch Lebendigkeit, Freude und Begeisterung.
Emotionen und Gefühle werden durch ihn bewusster.
Gabriel unterstützt die Selbstverwirklichung, Talente und Begabungen.
Botschaften, Visionen und Träume können durch ihn klar und deutlich werden. Er erklärt Visionen, stärkt die Intuition und hilft das Unterbewusstsein wahrzunehmen.
Gabriel hilft bei Revitalisierungen und wirkt Depressionen entgegen.
Er unterstützt alle Formen der Kommunikation.

Gabriel ist der Schutzpatron der Boten und Kuriere, der Redner, Schriftsteller und Dichter.

Gabriel leitet den Engelschor der Engelschar:
65 – Damabiah, 66 – Manakael, 67 – Ayael, 68 – Habuhiah, 69 – Rochel, 70 – Jabamiah, 71 – Haiaiel, 72 – Mumiah

Die 72 Schutzengel

Von Geburt an stehen jedem Menschen nach christlicher Tradition drei Engel zur Seite, die ihn unterstützend durch das Leben begleiten.
Je ein Engel steht dem Menschen in physischen, emotionalen und spirituellen Bereichen bei.

Wir können uns zu jeder Zeit und an jedem Ort an unsere Schutzengel wenden, denn sie sind immer präsent.
Diese Engelschar ist ein persönliches, sehr kostbares Geschenk von Gott.

Engel stehen uns bei Realisationen zur Seite. Sie können unsere eigenen, geheimen Aspekte enthüllen, – Gaben und Talente.
Je acht Schutzengel verbinden sich zu den neun Chören mit ihren Erzengeln.

Alle 72 Schutzengel stehen jedem Menschen jederzeit zur Verfügung und können immer angesprochen werden.

Die Zeiten, zu denen die Engel um Aufmerksamkeit gebeten werden, können wichtig sein. Sind sie sozusagen gerade unter den Menschen unterwegs, bietet es sich an, mit ihnen ins Gespräch zu gehen.

Als Feiertag der Schutzengel gilt der 2. Oktober.

Die drei persönlichen Engel

* Physischer Schutzengel:
Diese Engel wachen über konkrete Situationen. Sie schützen die körperliche Gesundheit. Die Engel stehen bei beruflichen und organisatorischen Belangen zur Seite, kümmern sich um finanzielle und rechtliche Angelegenheiten. Sie helfen Verlorenes wiederzufinden.
Diese Engel halten sich an fünf (oder sechs) aufeinander folgenden Tagen unter den Menschen auf.
Der persönliche Engel findet sich anhand des Geburtstages.

* Emotionale Schutzengel:
Diese Engel können negative Gefühle wie Wut, Hass, Angst usw. auflösen und positive Emotionen verstärken. Sie helfen dabei, Gefühle auszudrücken.
Sie halten sich an fünf oder sechs Tagen verteilt über das Jahr unter den Menschen auf.
Der persönliche Engel lässt sich anhand des Geburtstages finden.

* Spirituelle Schutzengel:
Diese Engel verfeinern die Seele. Sie helfen, das Bewusstsein zu erweitern und fördern spirituelle Fähigkeiten, wie Hellsicht usw.
Sie unterstützen es, Träume wahrzunehmen und analysieren zu können.
Sie verweilen täglich ungefähr 20 Minuten unter den Menschen.

Um den persönlichen spirituellen Engel herauszufinden, **muss aus der Geburtszeit die _Sonnenzeit_ ermittelt werden.**
Meistens wird die Zeit der Geburt in Mitteleuropäischer Zeit notiert, beziehungsweise der sogenannten Sommerzeit.
Um die _Sonnenzeit_ zu ermitteln, wird außerhalb der Sommerzeit eine Stunde von der Geburtszeit abgezogen. Während der Sommerzeit Geborene müssen zwei Stunden abziehen.
Dies gilt zumindest für Deutschland und ist abhängig von der Handhabung der Sommerzeit in anderen Geburtsländern.

Beispiel: Geboren am 12. Mai 1965 um 20.55 Uhr =>
Sonnenzeit 19.55 Uhr (1965 bestand keine Sommerzeit)

Gebete

Der Kontakt zu allen 72 Schutzengeln ist jederzeit jedem Menschen möglich.

Besonders wirkungsvoll sind sie jedoch in ihren individuellen Zeiten.
Die persönlichen Schutzengel wirken stärker und stehen uns immer zur Seite.

Es kann nie der „falsche" Engel angesprochen werden, alle verstärken gleichermaßen das Gute. Auch können Engel Bitten an andere Lichtwesen weitergeben, wenn sie selbst nicht einwirken können.

Schwächen können sich bilden, wenn Engel nicht mit reinem Herzen angesprochen werden. Engel helfen nicht Böses zu verstärken, sondern tragen diese Bitte dann zurück und verhärten dort die Schwächen.
Die Engel helfen aber auch dabei, Schwächen (Schatten) abzubauen, wenn sie aufrichtig darum gebeten werden und der Mensch selbst daran arbeitet.

Schutzengel haben die Möglichkeit der Erlösung. Sie bieten positive Änderungen an, die man nutzen kann. Sie bringen den Menschen, was ihnen zur Weiterentwicklung fehlt.
Engel sind gute Freunde.

Bei dem Ablauf der Gebete sind Ein – und Ausstieg so wichtig, wie das eigentliche Anliegen.

Die Vorbereitung soll individuell ausgerichtet sein, damit sich auch der Betende wohlfühlt.
Ebenso wichtig, wie dem Engel Gaben zu bieten, ist die persönliche Einstimmung.
Was nutzt es, den Schutzengeln Weihrauch zu servieren, den die Lichtwesen alle gleichermaßen mögen, wenn die / der Betende sich dabei unwohl fühlt?

Engel mögen viele Gerüche und die / der Betende sollte ein Aroma auswählen, dass sie / er auch selbst mag.

Weihrauch, Copal und Myrrhe können grundsätzlich zu Gebeten genutzt werden, weitere Aromen werden unter den Beschreibungen der einzelnen Engel erwähnt, sie sind aber nicht bindend, sondern nur eine Auswahl.

Eine Kerze anzuzünden ist immer hilfreich.

Wenn Steine oder Räucherwaren nicht zur Verfügung stehen, mindert dies nicht den Kontakt zum Engel. Letztendlich ist das aufrichtige Herz der größte Zugang. Das Zubehör erleichtert dem Betenden in die Energie des Schutzengels einzutreten und der Engel fühlt sich verwöhnt.

Das Visualisieren der Engelfarben unterstützt das persönliche Einstimmen auf das Gespräch mit dem auserwählten Lichtwesen. Auch Gerüche können visualisiert werden.

Schutzengel können natürlich auch in der Natur oder einer Kirche angesprochen werden.

Alle großen Propheten zogen sich zum Beten, Meditieren oder Empfangen von Visionen in die Natur zurück.

Engel lassen sich immer und überall ansprechen.

Zu Beginn des Gebetes ist es wichtig, drei Mal nacheinander den Namen des Engels und seine persönliche Bibelstelle zu wiederholen. Die Psalme dienen wie Codeworte, sie sind der Zugang zum Engel. Sie wirken wie Klänge, um den Engel zu rufen.

Also wird zuerst der Name langsam ausgesprochen, dann die Bibelstelle, – und diese Prozedur drei Mal wiederholt.

Danach wird die Bitte oder der Wunsch konkret formuliert.

Betrifft das Anliegen weitere Personen, können auch diese mit Namen benannt werden.

Zum Abschluss des Gebetes ist ein Danke unerlässlich, wie auch das endgültige Beenden des Gesprächs mit dem Wort „Amen".

Das Lesen der Engelnotitzen

Die Engelnamen werden auf unterschiedliche Weise geschrieben, deshalb ist ihre Zahl oft wichtig, wenn man Beschreibungen über sie finden will (z. B. im Internet).

Die Zeiten, zu denen die Schutzengel besonders aktiv sind, werden in ihren Tabellen erwähnt. So können auch die persönlichen Engel schnell ausfindig gemacht werden.

In den anhängenden Beschreibungen finden sich in tabellarischer Form Zuordnungen zu Planeten, Elementen, Sternzeichen usw. zur besseren Orientierung. Zum Beten empfohlenes Zubehör, wie Räucherungen, Farben und Lieblingssteine der Schutzengel werden hier erwähnt.

Unter dem Thema „Gaben" finden sich die Stärken, die von dem Engel vorrangig unterstützt werden. Alle diese Eigenschaften, Tugenden und Talente stehen den Menschen aber immer zur Verfügung. Es liegt an jedem selbst, wie er die göttlichen Geschenke für sich nutzt.

Bei den Themenbereichen Arbeitswelt, Umwelt, Familie, Seele und Spiritualität werden die Stärken des Engels erwähnt, die er an die / den Betende/n weitergeben kann.

Unter der Rubrik „Schwächen" finden sich die Schatten, die von dem Engel beeinflusst werden können. Dies gilt auch, wenn dritte Personen mit diesen Eigenschaften auf jemanden zugehen.
Es kann darum gebeten werden, die eigene Wut, Eifersucht, Untreue, Lüge usw. aufzulösen, oder diese bei anderen zu lindern.
Diese „Schatten" können sich verstärken, wenn versucht wird, den Engel für Negatives anzuwerben.

Das Thema Heilung spricht meistens Organe an, für die der Engel zuständig ist, es sind aber auch konkrete Erkrankungen erwähnt.

Vorstellung der 72 Schutzengel

1. Schutzengel VEHUIAH

Engelart	Seraphim
Erzengel	Metatron
Energie	Weiblich
Planeten	Neptun, Uranus
Element	Feuer
Sternzeichen	Widder 0° - 5°
Farben	Gold, Magenta, Pink
Aromen	Mimose, Zitrone
Stein	Karneol
Patron	Hebräer, Künstler
Gebet	Psalm 3,4 „Aber du, Herr, bist ein Schild um mich her, du bist meine Ehre, du richtest mich auf."
Physischer Engel	21. bis 25 März
Emotionaler Engel	9. Januar, 21. März, 3. Juni, 17. August, 30. Oktober
Spiritueller Engel	0:00 und 0:19 Uhr

Sigfinikant: Verwandlung

Gaben: Zuversicht, Kühnheit, Konzentration, Motivation, Inspiration, Begeisterung, Ausdauer, Kreativität, Schöpfungskraft, Individualität, Willen, Leidenschaft, Mut, Tapferkeit, Führung, Transformation

Arbeitswelt: Vehuiah schenkt Kraft für Neuanfänge und schwierige Projekte. Wissenschaftliche Studien und Fortschritte werden durch ihn erleichtert. Er hilft konzentriert auf ein Ziel zuzugehen und unterstützt das Verwirklichen von Visionen und sogar bahnbrechende Projekte. Vehuiah fördert die Kreativität und unterstützt bildende Künste.

Umwelt: Vehuiah lässt den wahren Wert anderer Menschen und den eigenen erkennen. Angenehme Umgangsformen und ein guter Sprachstil werden durch ihn unterstützt. Vehuiah verhilft zu Einsicht und Versöhnung und unterstützt Fehler wieder gut zu machen. Er fördert stabile Freundschaften.

Familie / Liebe: Vehuiah verbessert die Beziehung zu anderen und zum Selbst. Er unterstützt den Zusammenhalt in der Familie. Vehuiah lässt die Liebe immer wieder neu entflammen.

Seele: Durch Vehuiah kann der Wert anderer Seelen und der eigenen erkannt werden. Er schenkt heilsame Träume.

Spiritualität: Vehuiah unterstützt die Entwicklung der Spiritualität, Transformation und Verwandlung. Die Verbindung mit dem Heiligen Geist wird durch ihn verstärkt. Vehuiah vermittelt eine höhere Weisheit aus der Urquelle der Schöpfung.

Schwächen: Wut, Gewalt, Irritation, Manipulation, Sturheit, Starrsinn, Stagnation, Trägheit, Sinnlosigkeit

Heilung: Kopf, Schädelknochen, Gehirn, Gehör, Tinnitus, Depression, Burnout

Sonstiges: Er schützt alle, die geliebt werden.

2. Schutzengel YELIEL / JELIEL

Engelart	Seraphim
Erzengel	Metatron
Energie	Männlich
Planeten	Neptun, Saturn
Element	Feuer
Sternzeichen	Widder 6° - 10 °
Farben	Gold, Hellblau, Blassgrün
Aromen	Mimose, Zitrone
Stein	Kunzit
Patron	Türkei, Landwirte
Gebet	Psalm 22,20 „Oh, Herr, du, bleib mir nicht fern! Du, meine Stärke, hilf mir ganz schnell!"
Physischer Engel	26. bis 30. März
Emotionaler Engel	10. Januar, 22. März, 4. Juni, 18. August, 19. August (bis 12.00 Uhr), 31. Oktober
Spiritueller Engel	0:20 bis 0:39 Uhr

Sigfinikant: Vereinigung

Gaben: Freude, Hoffnung, Lebensfreude, Frieden, Energieschübe, Weisheit, Ruhe, Wahrheit, Großzügigkeit, Zuverlässigkeit, Optimismus, Fruchtbarkeit, Harmonie, Liebe, Treue, Versöhnung

Arbeitswelt: Yeliel hilft bei abstrakten und komplexen Studien und Vorhaben. Er stärkt die Überzeugungskraft und schenkt machtvolle Worte. Kommunikation erhält durch Yeliel eine göttliche Kraft. Er erlöst von langwierigen Konflikten und von ungerechtfertigten Vorwürfen. Yeliel schlichtet Streitigkeiten und Rechtsstreite.

Umwelt: Yeliel gleicht Geben und Nehmen aus, er unterstützt selbstloses Handeln und die Nächstenliebe. Er fördert die Gemütlichkeit, liebevollen Umgang und authetische Freundschaften. Yeliel schenkt schicksalshafte Begegnungen.

Familie / Liebe: Der Engel stärkt intensive und leidenschaftliche Liebe, emotionale Stärke und Stabilität. Romantik, Gemeinsamkeiten und Treue festigen die harmonische Gemeinschaft. Yeliel fördert die Fruchtbarkeit und schützt die Schwangerschaft.

Seele: Yeliel bringt Seelenfrieden und Ruhe. Er hilft innere Konflikte zu lösen.

Spiritualität: Yeliel vereinigt die inneren Polaritäten. Er verstärkt die Intuition.

Schwächen: Korruption, negatives Umfeld, Egoismus, Stolz, Gier, Tyrannei, Trennung, sexuelle Probleme

Heilung: Depression, Melancholie

3. Schutzengel: SITAEL

Engelart	Seraphim
Erzengel	Metatron
Energie	Männlich
Planeten	Neptun, Jupiter
Element	Feuer
Sternzeichen	Widder 11 ° - 15 °
Farben	Gold, Violett
Aromen	Anis, Iris, Jasmin
Stein	Saphir
Patron	Arabien, Architekten, Adlige
Gebet	Psalm 91,2 „Ich sprach zu dem Herrn: Du bist meine Zuflucht, meine sichere Burg, du bist mein Gott, auf den ich vertraue."
Physischer Engel	31. März bis 4. April
Emotionaler Engel	11. Januar, 23. März, 5. Juni, 19. August, 20. August (bis 12. Uhr), 1. November
Spiritueller Engel	0:40 und 0:59 Uhr

Sigfinikant: Verantwortung

Gaben: Hoffnung, Integrität, Edelmut, Vergebung, Bekanntheit, Treue, Harmonie, Würde, Milde, Ehrlichkeit, Rechtschaffenheit, Fairness, Toleranz, Großherzigkeit, Frieden, Begeisterung

Arbeitswelt: Sitael unterstützt hohe Wissenschaften. Er fördert Wachstum und Expansion und verfeinert das Verhandlungsgeschick. Sitael schenkt praktische Veranlagung, strukturelles und strategisches Denken und fördert die Realisierung von Projekten und das Geschick, andere Menschen anleiten zu können. Sitael hilft das volle Potenzial zu entfalten und das eigene Lebensziel zu finden. Er unterstützt Architekten und Baumeister. Sitael schenkt unverhoffte Gelegenheiten und Chancen.

Umwelt: Sitael hilft andere Menschen zu unterstützen und verstärkt die Nächstenliebe. Sitael ist ein Friedensstifter und gibt dies an Menschen weiter. Er lässt die eigenen Fehler erkennen und annehmen. Sitael schenkt einen guten Umgang und Verständnis für Tiere. Er kann Menschen und Tiere lenken.

Familie / Liebe: Sitael unterstützt den Aufbau einer Familie und die Fortpflanzung. Er fördert die Liebe und Harmonie.

Seele: Sitael wirkt ausgleichend auf die Seele. Er hilft Schicksalsschläge und Negatives zu verarbeiten. Sitael schenkt wohltuende Träume.

Spiritualität: Sitael kann karmische Belastungen auflösen oder verwandeln. Er schenkt die Fähigkeit zur Suggestion und Hypnose.

Schwächen: Ruin, Verschwörung, Scheinheiligkeit, Heuchlerei, Lügen, Aggression, Zerstörung, Prahlerei, Untreue, Gier, Waffen

Heilung: Rücken, Hände, Knochen, Wirbel, Lenden

Sonstiges: Sitael verhilft Innen und Außen aufzubauen oder zu erneuern.

4. Schutzengel   ELEMIAH

Engelart	Seraphim
Erzengel	Metatron
Energie	Weiblich
Planeten	Neptun, Mars
Element	Feuer
Sternzeichen	Widder 16 ° - 20 °
Farben	Gold, Indigo
Aromen	Muskat, Sandelholz, Vanille, Tonka
Stein	Citrin
Patron	See – und Landreisende, Erfinder
Gebet	Psalm 6,5 „Komm zurück, Herr, und rette mich! Befreie mich, weil du doch gnädig bist!"
Physischer Engel	5. bis 9. April
Emotionaler Engel	12. Januar, 24. März, 6. Juni, 21. August, 2. November
Spiritueller Engel	1:00 bis 1:19 Uhr

Sigfinikant: Erfolg

Gaben: Schutz, Frieden, Harmonie, Kampfgeist, Begeisterung, Fitness, Glück, Fairness, Optimismus, Mut, Rechtschaffenheit, Willen, Erfolg, Toleranz, Verständnis, Dynamik

Arbeitswelt: Elemiah unterstützt das Studium hoher Wissenschaften. Er lenkt die optimale Berufsfindung und verhilft zu beruflichem Erfolg, guten Geschäften und Wohlstand. Elemiah dient als Orientierungshilfe und fördert schnelle Entscheidungen. Er schenkt Schöpfungskraft, Tatkraft, Initiative und Handlungsbereitschaft. Elemiah hilft Talente und Qualifikationen zu erkennen und neue Wege zu gehen.

Umfeld: Elemiah schenkt eine natürliche, gerechte Autorität. Er leitet zu Versöhnung und Vergebung an und kann aus Feinden Freunde machen. Er lässt Betrüger und Verräter erkennen.

Familie / Liebe: Elemiah sorgt für liebevolle Energie und Geborgenheit.

Seele: Elemiah stärkt die innere Kraft. Er zeigt Möglichkeiten, um das Unterbewusstsein zu erfahren und Einsichten zu erlangen.

Spiritualität: Elemiah begleitet Reisen und Transformationen zu sich selbst. Er hilft den eigenen Lebensweg zu analysieren und den Lebensplan zu finden. Elemiah fördert Hellsicht, Weissagung und Verständnis für Astrologie, Kabbala und spirituelle Themen. Er verstärkt die Intuition.

Schwächen: Verrat, Lüge, Zorn, Misserfolge, Gier, Machtmissbrauch, Trägheit, Pessimismus, Aggression, Verrat, Eitelkeit, unaufrichtiges Umfeld

Heilung: seelischer Kummer

Sonstiges: Elemiah schützt vor Flüchen.

5. Schutzengel   MAHASIA

Engelart	Seraphim
Erzengel	Metatron
Energie	Weiblich
Planeten	Neptun, Sonne
Element	Feuer
Sternzeichen	Widder 20° - 25 °
Farben	Gold, Indigo, Türkis
Aromen	Zitrone, Sandelholz, Muskat
Stein	Jade
Patron	Ägypten, Wissenschaftler
Gebet	Psalm 33,4 „Auf das Wort des Herrn ist Verlass und in all seinem Tun ist er treu."
Physischer Engel	10. bis 14. April
Emotionaler Engel	13. Januar, 25. März, 7. Juni, 22. August, 3. November
Spiritueller Engel	1.20 und 1:39 Uhr

Sigfinikant: Klarheit

Gaben: Empathie, Feingefühl, Frieden, Harmonie, Versöhnung, Klärung, Balance, Korrektur, Anpassung, Fairness, Bescheidenheit, Ruhe, Intuition

Arbeitswelt: Mahasia erleichtert das Lernen, entfacht Lerneifer und unterstützt bei Prüfungen. Er vermittelt Verständnis für Fremdsprachen und wissenschaftliche, mathematische und geheime Studien und Entwicklungen. Mahasia hilft Misserfolge zu verarbeiten und Hindernisse anzugehen. Er schenkt Korrekturbereitschaft und Ideen für Reformen.

Umwelt: Mahasia erleichtert das Einfügen in die Gesellschaft und einen friedvollen Umgang. Er schenkt Ruhe und Genuss. Mahasia hilft stetig den Charakter zu verbessern. Er lässt eigene und fremde Fehler verstehen, aus ihnen lernen und verzeihen.

Familie / Liebe: Mahasia vermittelt Harmonie, damit die gemeinsame Zeit genossen werden kann.

Seele: Mahasia unterstützt die ethische Entwicklung und das innere Gleichgewicht. Er fördert die Selbstwahrnehmung.

Spiritualität: Der Engel weiht in spirituelle Erfahrungen und Entwicklungen ein und schenkt Initiationen. Er unterstützt das Deuten von Traum – und Symbolsprachen. Er weist auf die Wege der göttlichen Ordnung hin und lässt das Leben als Schule erkennen.

Schwächen: Rache, Groll, Heimtücke, Arroganz, Ausschweifung, Launen, Größenwahn, Ignoranz, Egoismus, sexuelle Verstimmungen und Missbrauch

Heilung: Mahasia verbessert das Körperbewusstsein und dient der allgemeinen Stärkung.

Sonstiges: Mahasia schützt vor Unfällen und auf Reisen.

6. Schutzengel LELAHEL

Engelart	Seraphim
Erzengel	Metatron
Energie	Männlich
Planeten	Neptun, Venus
Element	Feuer
Sternzeichen	Widder 25° - 30°
Farben	Gold, Magenta, Blau
Aromen	Sandelholz, Iris, Wicke
Stein	Mondstein
Patron	Äthopien, Künstler, Heilkundige
Gebet	Psalm 9,12 „Singt dem Herrn, der Zion bewohnt, verkündet unter den Völkern sein Tun."
Physischer Engel	15. April bis 20. April
Emotionaler Engel	14. Januar, 26. März, 8. Juni, 23. August, 4. November
Spiritueller Engel	1:40 bis 1:59 Uhr

Sigfinikant: Heilung

Gaben: Schönheit, Bescheidenheit, Gesundheit, Heilung, Anerkennung, Demut, Balance, Hilfsbereitschaft, Freundlichkeit, Ruhm, Talent, Intuition

Arbeitswelt: Lelahel verbreitet einen klaren Geist. Er kann Ruhm und Popularität fördern. Finanzieller und materiller Zugewinn wird durch ihn erleichtert. Er unterstützt die Kommunikation im Allgemeinen. Lelahel inspiriert zur Entfaltung kreativer Talente und verschafft Kontakte zu Interessierten, Mentoren und Kunden.

Umwelt: Unter Lelahels Leitung werden passende Menschen angezogen. Er schützt das innere Gleichgewicht. Lelahel verhilft zu einer liebevollen Weltanschauung und dazu, Liebe zu verbreiten und gemocht zu werden. Er fördert taktvollen und freundlichen Umgang.

Familie / Liebe: Lelahel hilft Liebe zu leben und zu verbreiten.

Seele: Lelahel dient als Spiegel der Seele und zeigt unsere ganze innere Schönheit. Er schützt das innere Gleichgewicht.

Spiritualität: Lelahel unterstützt spirituelles Wachstum, Entwicklung und Erleuchtung. Er schenkt spirituelles Wissen und heilende Liebe.

Schwächen: Krankheit, Trägheit, Wollust, Leichtsinn, Arroganz, Egoismus, Materialismus, Verschwendung, Stolz, Multiple Persönlichkeit

Heilung: Lelahel hilft sehr schnell bei Heilungsprozessen. Er kann Geburten erleichtern.

Sonstiges: Lelahel ist ein Glücksbringer und verbreitet Licht. Er bringt innere und äußere Schönheit.

7. Schutzengel ACHAIAH

Engelart	Seraphim
Erzengel	Metatron
Energie	Weiblich
Planeten	Neptun, Merkur
Element	Erde
Sternzeichen	Stier 0° - 5°
Farben	Gold, Violett, Transparent
Aromen	Pistazie, Lemongras
Stein	Rubin
Patron	Armenien, Biologen, Schriftsteller
Gebet	Psalm 103,8 „Der Herr ist barmherzig und mit Liebe erfüllt, voller Gnade und großer Geduld."
Physischer Engel	21. April bis 25. April
Emotionaler Engel	15. Januar, 27. März, 9. Juni, 24. August, 5. November
Spiritueller Engel	2:00 bis 2:19 Uhr

Sigfinikant: Geduld

Gaben: Güte, Barmherzigkeit, Verständnis, Glaube, Motivation, Ruhe, Lerneifer, Ausdauer, Tatendrang, Rücksicht, Beständigkeit, Wahrheit, Mut, Alternativen

Arbeitswelt: Achaiah unterstützt das Studium von Naturwissenschaften, Informatik und Literatur. Er schenkt Geduld, wenn viel Zeit gebraucht wird und Ergebnisse auf sich warten lassen. Beim Lösen schwieriger oder ungewöhnlicher Aufgaben kann Achaiah zum Durchbruch verhelfen. Er fördert die Kommunikation für journalistische Arbeiten und erleichtert das Erlernen von Fremdsprachen. Achaiah fördert die Verbreitung von Wissen und schenkt Ausdauer und Wissbegierde.

Umwelt: Achaiah vermittelt ein neues Bewusstsein für die Natur und einen besseren Umgang mit ihr. Er unterstützt die Suche nach Alternativen. Achaiah lässt aus Feinden Freunde werden.

Familie / Liebe: Achaiah unterstützt dauerhafte Beziehungen.

Seele: Achaiah stärkt die Selbstachtung und das Selbstbewusstsein. Er zeigt die Wahrheit der Seele, hilft beim Erforschen der inneren Dimension und unterstützt die Gabe der Selbstbeobachtung.

Spiritualität: Achaiah zeigt Wege zum Gottesglauben auf. Er lässt Geheimnisse des Universums erkennen und ermutigt, diese zu verbreiten.

Schwächen: Ungeduld, Unruhe, Resignation, Unverständnis, Neid, Unzuverlässigkeit, Faulheit, Verwirrung

Heilung: Melancholie

Sonstiges: Achaiah bremmst übermäßigen Konsum und Genuss aus.

8. Schutzengel — KAHETEL / CAHETEL

Engelart	Seraphim
Erzengel	Metatron
Energie	Männlich
Planeten	Neptun, Mond
Element	Erde
Sternzeichen	Stier 5° - 10°
Farben	Gold, Orange, Gelb
Aromen	Gardenie, Sandelholz
Stein	Leopardenjaspis
Patron	Georgien, Landwirte, Meteorologen, Elemente
Gebet	Psalm 95,6 „Kommt, lasst uns anbeten, uns beugen vor ihm! Lasst uns vor dem Herrn knien, der uns erschuf!"
Physischer Engel	26. April bis 30. April
Emotionaler Engel	16. Januar, 28. März, 10. Juni, 25. August, 6. November
Spiritueller Engel	2:20 bis 2:39 Uhr

Sigfinikant: Klarheit

Gaben: Dankbarkeit, Bescheidenheit, Großzügigkeit, Gottes Segen, Wohlwollen, Leichtigkeit, Arbeitsmoral, Altruismus, Harmonie, Vorstellungskraft, Emotionen

Arbeitswelt: Kahetel erleichtert den Ausdruck in Wort und Schrift, schenkt Inspiration und Fantasie. Er unterstützt die Liebe zur Arbeit, den Antrieb und Unternehmensgeist, auch für alltägliche Tätigkeiten. Positive Arbeitsmoral und Eifer können zu Reichtum führen. Kahetel schenkt einen positiven Bezug zu Tätigkeiten in oder mit der Natur. Er segnet die Saat und die Früchte und sorgt für eine reichhaltige Ernte, – in allen Bereichen des Lebens. Kahetel kann helfen die Lebensweise zu ändern.

Umwelt: Kahetel unterstützt Nächstenliebe, Einfühlungsvermögen und Verständnis für andere. Er lässt aktiv am Leben teilnehmen. Kahetel lehrt die Gefühle der Mitmenschen zu deuten.

Familie / Liebe: Kahetel schützt Schwangerschaft und Geburt. Er segnet die Familie und das Haus.

Seele: Kahetel bringt Klarheit in Emotionen und Empfindungen. Bei Introvertiertheit und Isolation schenkt er Kraft, um wieder „aus sich heraus zu gehen".

Spiritualität: Kahetel unterstützt tiefgründige Intuition und Harmonie mit den kosmischen Gesetzen. Er hilft, die Schöpfung zu verstehen und den göttlichen Willen in Materie umzusetzen.

Schwächen: Egoismus, Herrschsucht, Stolz, Launen, Aggression, Unruhe, Misserfolge, Gotteslästerung, Korruption, Boshaftigkeit, Undank, Faulheit

Heilung: Hohlorgane, Blutkreislauf

Sonstiges: Kahetel hat einen großen Bezug zum Wasser, und zu allem, was fließt. Er schützt vor dem Einfluss böser Geister, Feuer und Hochwasser.

9. Schutzengel HAZIEL / AZIEL / HAZAEL

Engelart	Cherubim
Erzengel	Raziel
Energie	Männlich
Planet	Uranus
Element	Erde
Sternzeichen	Stier 10° - 15°
Farben	Silber, Türkis, Gelb
Aromen	Patchouli, Lavendel, Zitrone
Stein	Topas
Patron	Freunde
Gebet	Psalm 25,6 „Denk an dein Erbarmen, Herr, und an die Beweise deiner Gunst, denn sie waren immer schon da."
Physischer Engel	1. Mai bis 5. Mai
Emotionaler Engel	17. Januar, 29. März, 11. Juni, 26. August, 7. November
Spiritueller Engel	2:40 bis 2:59 Uhr

Sigfinikant: Vergebung

Gaben: Freude, Ruhe, Frieden, Barmherzigkeit, göttliche Liebe, Gnade, Vertrauen, Altruismus, Optimismus, Versöhnung, Heiterkeit, Harmonie, Frieden, Gutgläubigkeit, Güte, Ehrlichkeit

Arbeitswelt: Haziel kann Akzeptanz und Respekt von höher gestellten Personen vermitteln. Er begünstigt finanzielle Aktionen. Haziel hilft Versprechen und Pflichten einzuhalten. Er fördert die Teamarbeit und den Zusammenhalt.

Umwelt: Haziel kann Menschen zusammenführen und zu Freunden werden lassen, die sich stützen und einander helfen. Freundschaften stehen unter seinem Schutz. Haziel stärkt selbstloses, uneigennütziges Verhalten und den Einsatz für andere. Ein aufrichtiges Herz führt zu Anerkennung. Versöhnung und Vergebung werden durch Haziel möglich.

Familie / Liebe: Haziel fördert harmonische Beziehungen, bedingungslose Liebe und ein ausgeglichenes Sexualleben. Er ermöglicht alles Negative mit Liebe ins Positive zu verwandeln.

Seele: Haziel heilt alte Wunden und schützt die Narben. Er hilft das innere Kind wahrzunehmen. Haziel hilft Individualität und Authentizität zu finden.

Spiritualität: Haziel schenkt das Entdecken von universellem Wissen und göttlichen Geheimnissen.

Schwächen: Hass, Streit, Groll, Besitzergreifend, Eifersucht, Konflikte, Lügen, Heuchlerei, Unruhe, Feindschaft

Heilung: Nervosität, Angst

Sonstiges: Haziel vermittelt die Reinheit eines Kindes.

10. Schutzengel   ALADIAH

Engelart	Cherubim
Erzengel	Raziel
Energie	Weiblich
Planeten	Uranus, Saturn
Element	Erde
Sternzeichen	Stier 15° - 20°
Farben	Silber, Orange, Violett
Aromen	Lavendel, Minze
Stein	Opal
Patron	Persien, Obdachlose, Benachteiligte
Gebet	Psalm 33,22 „Deine Gnade, Herr, möge über uns sein, so wie es unsere Hoffnung war."
Physischer Engel	6. Mai bis 10. Mai
Emotionaler Engel	18. Januar, 30. März, 12. Juni, 13. Juni (bis 12 Uhr), 27. August, 8. November
Spiritueller Engel	3:00 bis 3:19 Uhr

Sigfinikant: Gnade

Gaben: Geduld, Wohlwollen, Gunst, Klarheit, Lieblichkeit, Vergebung, Fruchtbarkeit, Harmonie, Balance, Würde, Toleranz, Altruismus, Energie, Inspiration, Gerechtigkeit, Respekt, Weisheit

Arbeitswelt: Aladiah vermittelt einen klaren Geist. Er stärkt den Teamgeist, fördert gemeinschaftliche Projekte und schenkt ihnen Glück. Aladiah begünstigt Neuanfänge und schenkt jedem Menschen eine zweite Chance. Aladiah kann zu Berühmtheit führen.

Umwelt: Aladiah fördert Freundschaften, Kameradschaftlichkeit, Gastfreundlichkeit und die Solidarität unter den Menschen. Er schützt vor negativen Menschen.
Verstoßenen hilft er bei der Wiedereingliederung in die Gemeinschaft.

Familie / Liebe: Aladiah kann Fruchtbarkeit und Kinderwunsch positiv unterstützen.

Seele: Aladiah stärkt das Selbstvertrauen und die Authetizität. Er hilft die Vergangenheit loszulassen.

Spiritualität: Aladiah hilf das eigene Karma zu verstehen und ins Gleichgewicht zu bringen. Er vermittelt göttliche Gnade bei Vergebung. Aladiah kann ein schlechtes Karma auflösen.

Schwächen: Versuchung, Unmoral, Sucht, Vernachlässigung, Essstörung, Gleichgültigkeit, Krankheit, Gefangenschaft, Fehler wiederholen, negatives Umfeld

Heilung: Aladiah lindert Krankheiten aller Art, Übergewicht, Bulimie, Nervosität, Angst, Depressionen, Sucht

Sonstiges: Aladiah ist ein Glücksbringer für materiellen, geistigen und spirituellen Überfluss.

11. Schutzengel LAUVUEL / LAUVIAH

Engelart	Cherubim
Erzengel	Raziel
Energie	Männlich
Planeten	Uranus, Jupiter
Element	Erde
Sternzeichen	Stier 20° - 25°
Farben	Silber, Blassgelb, Helllblau
Aromen	Ysop, Anis
Stein	Quarz
Patron	Psychologen, Musiker
Gebet	Psalm 18,47 „Der Herr lebt! Gepriesen sei mein Fels, erhoben der Gott meines Heils!"
Physischer Engel	11. Mai bis 15. Mai
Emotionaler Engel	19. Januar, 31. März, 13. Juni, 14. Juni (bis 12 Uhr), 28. August, 9. November
Spiritueller Engel	3:20 bis 3:39 Uhr

Sigfinikant: Weisheit

Gaben: Ausgewogenheit, Vertrauen, Heilung, Güte, Optimismus, Sieg, Freude, Glück, Begeisterung, Ergebenheit, Freundlichkeit, Tatendrang, Rechtschaffenheit, Ruhe, positives Denken

Arbeitswelt: Lauvuel schenkt Begabung für Musik, hohe Wissenschaften und Psychologie. Er unterstützt Aktivitäten, die für die Gemeinschaft nützlich sind. Lauvuel schenkt Begeisterung und Freude, um Aufgaben zu bewältigen und zum Experten zu werden. Er fördert Erfolge, Anerkennung, Ruhm und sogar Popularität. Lauvuel schenkt gute Gelegenheiten.

Umwelt: Lauvuel stärkt freundschaftliche Bande und schützt vor falschem Umgang. Er vermittelt intuitives Verständnis für die Mitmenschen und einen freundlichen, offenen Umgang. Er unterstützt humanitäre Gemeinschaften.

Familie / Liebe: Lauvuel führt zu Freude am körperlichen Kontakt und Sexualität. Er schenkt Vertrauen, Respekt und Romantik für die Partnerschaft.

Seele: Lauvuel hilft auf dem Weg der Selbstverwirklichung und der Innenschau. Er unterstützt den Kontakt zum Unterbewusstsein.

Spiritualität: Lauvuel begleitet bei Gebeten, Meditation und spiritueller Entwicklung. Er fördert das Verständnis und die Weisheit, um kosmische Regeln und Offenbarungen zu verstehen. Lauvuel schenkt prophetische Träume und Traumbotschaften. Er hilft, mystische Zeichen im alltäglichen Leben zu entschlüsseln.

Schwächen: Eifersucht, Lügen, Neid, Verleumdung, Extravaganz, Materialismus, Übertreibung, Misserfolg, emotionale Abhängigkeiten

Heilung: Knochen, Knie, Knochenbrüche, Osteoporose, Kalkmangel, Schlaflosigkeit, Albträume, Depression, Angst, Hyperaktivität

Sonstiges: Mit Lauvuel ist alles möglich! Er schützt vor Naturkatastrophen.

12. Schutzengel HAHAIAH

Engelart	Cherubim
Erzengel	Raziel
Energie	Weiblich
Planeten	Uranus, Mars
Element	Erde
Sternzeichen	Stier 25° - 30°
Farben	Silber, Rot, Violett
Aromen	Muskat, Pfefferminz
Stein	Bernstein
Patron	Griechenland
Gebet	Psalm 10,1 „Warum, Herr, stehst du fern, verbirgst dich in Zeiten der Not?"
Physischer Engel	16. bis 20. Mai
Emotionaler Engel	20. Januar, 1. April, 15. Juni, 29. August, 10. November
Spiritueller Engel	3:40 bis 3:59 Uhr

Sigfinikant: Schutz

Gaben: Vertrauen, Feingefühl, Zuflucht, Offenbarung, Wohlbefinden,
Gesundheit, innerer Frieden, Wertschätzung, Zuverlässigkeit, Entspannung,
Sauberkeit, Ordnung, Balance, positive Grundhaltung, Diskretion, Wunder

Arbeitswelt: Hahaiah unterstützt in schwierigen Situationen bei der Suche
nach Alternativen. Er fördert das Vertrauen in die eigene Leistung. Hahaiah
stellt ein Gleichgewicht zwischen privatem und beruflichem Leben her.

Umwelt: Hahaiah liebt die Wahrheit und hilft ihr und der Gerechtigkeit,
sich klar und deutlich zu zeigen. Er unterstützt Aktivitäten gegen Gewalt
und Fanatismus.

Familie / Liebe: Hahaiah schützt harmonische Partnerschaften und ein
sauberes, ordentliches Heim.

Seele: Hahaiah hilft das Selbst zu entdecken und zu entwickeln.
Er unterstützt das Gleichgewicht zwischen Innen und Außen. Hahaiah
verwandelt Einsamkeit in einen Segen. Er lässt niemanden alleine und
begleitet dabei, die Identität zu finden und das eigene Leben zu studieren.

Spiritualität: Hahaiah offenbart den Zugang zu verborgenen spirituellen
Mysterien. Er begleitet Meditationen und Gebete und schützt den spirituellen
Frieden und die Verinnerlichung. Er erhöht die Medialität. Hahaiah wacht
über dem Schlaf, sendet Informationen durch Träume und die Fähigkeit,
sie zu deuten. Er schenkt Hellsicht und Fähigkeiten der Telepathie.

Schwächen: Feindschaft, Aggression, Impulsivität, Isolation, Täuschung,
Stress, Hyperaktivität, Unsicherheit, Asozial, Negativ, Beleidigung,
Intoleranz, emotionale Probleme

Heilung: Klaustrophobie, Agoraphobie, Xenophobie, Schlaflosigkeit

Sonstiges: Er schützt gegen Gewalt.

13. Schutzengel   YEZALEL / JEZALEL

Engelart	Cherubim
Erzengel	Raziel
Energie	Männlich
Planeten	Uranus, Sonne
Element	Luft
Sternzeichen	Zwilling 0° - 5°
Farben	Silber, Magenta, Orange
Aromen	Akazie, Mastix
Stein	Chrysopras
Patron	Redner, Schriftsteller, Diplomaten
Gebet	Psalm 98,4 „Jubelt ihm zu, alle Bewohner der Welt! Ja, freut euch über den Herrn, jauchzet und musiziert! Singt und spielt auf!"
Physischer Engel	21. bis 25. Mai
Emotionaler Engel	21. Januar, 2. April, 16. Juni, 30. August, 11. November
Spiritueller Engel	4:00 bis 4:19 Uhr

Sigfinikant: Versöhnung

Gaben: Willen, Organisation, Enthusiasmus, Versöhnung, Ordnung, Treue, Harmonie, Freude, Balance, Loyalität, Überzeugungkraft, Fairness

Arbeitswelt: Yezalel erleichtert schriftliche und mündliche Kommunikation, schenkt Wortgewandtheit, Schlagfertigkeit und Kreativität. Er öffnet den Geist, fördert das Erinnerungsvermögen, die Lernbereitschaft, das Gedächtnis und eine schnelle Auffassungsgabe. Yezalel schenkt Führungsqualitäten. Er lässt an Idealen und Prinzipien festhalten. Yezalel steht in schwierigen Situationen bei. Er zeigt auf, wie aus alten Fehlern gelernt werden kann, damit neue Ordnungen erschaffen werden können.

Umwelt: Yezalel unterstützt demokratische Ziele und gibt das Geschick, um sie zu verwirklichen. Er ist ein Friedensstifter, leitet Versöhnungen ein und hilft Frieden und Harmonie zu verbreiten und zu bewahren. Yezalel schenkt einen großen Freundeskreis. Er hilft, Feierlichkeiten und Treffen zu organisieren.

Familie / Liebe: Yezalel schützt Freundschaften und liebevolle Beziehungen. Er bringt Partner näher zusammen und schenkt Romantik, Einigkeit und Harmonie. Yezalel lehrt sich selbst und anderen treu zu sein. Er unterstützt gemeinsame Ziele und Vorhaben. Kinder werden geschätzt und gefördert.

Seele: Yezalel unterstützt es, sich selbst treu zu bleiben und schenkt glückliche Erinnerungen. Er unterstützt die Selbstwahrnehmung.

Spiritualität: Yezalel erweitert das Bewusstsein und kann zur Erleuchtung führen. Er vermittelt kosmische Prinzipien und Geheimnisse.

Schwächen: Gewalt gegen Kinder, Trennung, Zerstörung, Ehebruch, Egoismus, Lüge, Verrat, Faulheit, Distanz, Unzufriedenheit

Heilung: Nervosität

Sonstiges: Yezalel schützt die Kinder.
14. Schutzengel   MEBAHEL

Engelart	Cherubim
Erzengel	Raziel
Energie	Männlich
Planeten	Uranus, Venus
Element	Luft
Sternzeichen	Zwilling 0° - 5°
Farben	Silber, Violett, Gelb
Aromen	Sandelholz, Ylang Ylang, Apfel
Stein	Lapislazuli
Patron	Spanien, Schutzengel
Gebet	Psalm 9,10 „So wird der Herr eine sichere Burg für Unterdrückte sein, eine Fluchtburg in Zeiten der Not."
Physischer Engel	26. bis 31. Mai
Emotionaler Engel	22. Januar, 3. April, 17. Juni, 31. August, 12. November
Spiritueller Engel	4:20 bis 4:39 Uhr

Sigfinikant: Freiheit

Gaben: Gerechtigkeit, Wahrheit, bedingungslose Liebe, Mut, Überfluss, Hoffnung, Rettung, Motivation, Barmherzigkeit, Inspiration, Schutz, Fairness, Hilfsbereitschaft, Rechtschaffenheit, Respekt

Arbeitswelt: Mebahel unterstützt humanitäre Hilfe, Engagement und Produktivität zum Wohle aller. Er lässt Begabungen und Talente wahrnehmen und nutzen, fördert Präzision und schenkt Inspiration. Mebahel hilft Ziele zu erreichen. Er entlarvt Falschheit und Betrug, verhilft zur Klarheit bei Urteilen und schlichtet Konflikte.

Umwelt: Mebahel unterstützt Altruismus und die Aufmerksamkeit für Notleidende. Er lässt die Individualität der Menschen notwendig für die eigene Entwicklung werden.

Familie / Liebe: Mebahel vermittelt Harmonie und bedingungslose, respektvolle Liebe. Mit Schönheit und Ästhetik wird der Alltag gestaltet.

Seele: Mebahel hilft die eigene Balance zu finden. Er unterstützt das Auflösen innerer Konflikte. Mebahel stärkt das Selbstvertrauen und die Entwicklung der Persönlichkeit.

Spiritualität: Mebahel schärft die Sinne und begleitet Meditationen und Gebete. Er schenkt Inspiration, um die göttliche Ordnung wiederherzustellen. Mebahel unterstützt es, andere Menschen zum Glauben zu bringen.

Schwächen: Falschheit, Betrug, Gier, Neid, Eifersucht, Unzuverlässigkeit, Tyrannei, Missachtung, Verluste, kriminelles Umfeld, Lieblosigkeit, Kälte

Heilung: Sucht, psychische und emotionale Erkrankungen

Sonstiges: Mebahel hilft Unterdrückte, Missbrauchte, Gefangene und Ausgebeutete zu befreien.
Er beschützt die Schutzengel!

15. Schutzengel   HARIEL

Engelart	Cherubim
Erzengel	Raziel
Energie	Männlich
Planeten	Uranus, Merkur
Element	Luft
Sternzeichen	Zwilling 10° - 15°
Farben	Silber, Gelb, Rot
Aromen	Lavendel, Mandel, Pfefferminz
Stein	Amethyst
Patron	Italien, Priester, Schriftsteller, Künstler
Gebet	Psalm 94,22 „Da wurde der Herr mir zur Burg, mein Gott zum Fels meiner Zuflucht."
Physischer Engel	1. bis 5. Juni
Emotionaler Engel	23. Januar, 4. April, 18. Juni, 1. September, 13. November
Spiritueller Engel	4:40 bis 4:59 Uhr

Sigfinikant: Reinigung

Gaben: Glaube, Befreiung, Lösung, Moral, Inspiration, Barmherzigkeit, Hilfe, Kreativität, Tatendrang, Wissbegierde, Freundlichkeit, Klarheit,

Großzügigkeit, Lernbereitschaft, Ästhetik, Güte

Arbeitswelt: Innovative Erfindungen, neue Ideen und Entdeckungen werden durch Hariel vorangetrieben. Er fördert den Ausdruck in Wort und Schrift und erleichtert das Lernen von Fremdsprachen. Wissen ist für ihn grundsätzlich wichtig. Hariel schärft die Gedanken und die Urteilskraft. Er ist eine Quelle der Inspiration für kreative und wissbegierige Menschen und schenkt Sinn für Schönheit und Feingeist. Hariel motiviert und unterstützt das Handeln.

Umwelt: Hariel hilft Frieden zu schaffen und zu bewahren, und lehrt das Schlichten und Anpassen. Er unterstützt Organisationen für Natur – und Umweltschutz.

Familie / Liebe: Hariel stärkt den familiären und freundschaftlichen Zusammenhalt, Behaglichkeit und Harmonie. Die Individualität der Partner dient zur persönlichen Ergänzung und Entwicklung.

Seele: Hariel lässt die Authentizität sichtbar werden. Er reinigt das Unterbewusstsein und transformiert negative Erinnerungen. Hariel befreit von schlechten Angewohnheiten.

Spiritualität: Hariel unterstützt die spirituelle Entwicklung und öffnet die Fähigkeit der Hellseherei. Er behebt Glaubenszweifel und versucht Religionen zu verbinden.

Schwächen: Suizid, Extremismus, Zusammenbruch, Fanatismus, Lüge, Rache, Groll, Besitzergreifend, Lähmung, Bosheit, schlechter Umgang

Heilung: Sucht

Sonstiges: Hariel beschützt die Haustiere.

16. Schutzengel   HAKAMIAH / HEKAMIAH

Engelart	Cherubim
Erzengel	Raziel
Energie	Weiblich
Planeten	Uranus, Mond
Element	Luft
Sternzeichen	Zwilling 15° - 20°
Farben	Silber, Indigo, Grauweiss
Aromen	Kokosnuss, Zitrone
Stein	Sodalith
Patron	Frankreich, Diplomaten
Gebet	Psalm 88,2 „Herr, Gott meines Heils, Tag und Nacht schreie ich zu dir."
Physischer Engel	6. bis 10. Juni
Emotionaler Engel	24. Januar, 5. April, 19. Juni, 2. September, 14. November
Spiritueller Engel	5:00 bis 5:19 Uhr

Sigfinikant: Loyalität

Gaben: Tapferkeit, Würde, Ehrlichkeit, Gnade, Freundschaft, Zuneigung, Frieden, Rettung, Ruhm, Ehre, Koordination, Fruchtbarkeit, Respekt, Authentizität, Zuverlässigkeit, Selbstlosigkeit, Intuition, Sensibilität

Arbeitswelt: Bei der Arbeitssuche steht Hakamiah vermittelnd zur Seite und gibt Kraft und Mut für Neuanfänge. Er verleiht Führungsqualitäten und Verantwortungsbewusstsein. Hakamiah fördert soziale und politische Organisationen und das Geschick, sie zu leiten.

Umwelt: Hakamiah stärkt freundschaftliche Bande. Er ermöglicht Beziehungen zu wichtigen Menschen und schützt gleichzeitig vor deren Macht. Hakamiah beschützt humanitäre und gemeinnützige Institutionen. Er verleiht Charisma und ein angenehmes Auftreten.

Familie / Liebe: Er vereint Menschen, die sich ergänzen und mögen. Hakamiah schenkt ein authentisches Herz und universelle, bedingungslose Liebe. Er fördert Romantik und Zuneigung.

Seele: Hakamiah stärkt das Selbstvertrauen und fördert die Selbstfindung. Er kuriert Liebeskummer.

Spiritualität: Hakamiah verstärkt die Intuition, Hellsicht und spirituelle Sensibilität, um Prophezeiungen zu erkennen. Er fördert Treue, Respekt und Verständnis für göttliche Prinzipien.

Schwächen: Arroganz, Neid, Eifersucht, Verrat, Gefahr, Größenwahn, Aufruhr, Gefühlskälte, Ehebruch, Intrigen, Unterwürfigkeit

Heilung: Herzkreislauf

Sonstiges: Hakamiah schenkt eine royale Haltung.

Engelart	Throne
Erzengel	Zaphkiel
Energie	Männlich
Planeten	Saturn, Uranus
Element	Luft
Sternzeichen	Zwilling 10° - 25°
Farben	Indigo, Hellviolett
Aromen	Mandel, Minze, Akazie
Stein	Aquamarin
Patron	Deutschland
Gebet	Psalm 8,2 „Herr, unser Herrscher, wie herrlich ist dein Name in allen Ländern!"
Physischer Engel	11. bis 15. Juni
Emotionaler Engel	24. Januar, 6. April, 20. Juni, 3. September, 15. November
Spiritueller Engel	5:20 bis 5:39 Uhr

Sigfinikant: Offenbarung

Gaben: Vertrauen, Optimismus, Freude, Selbstvertrauen, Güte, Weisheit, Heilung, Erfolg, Tugend, Intuition, Altruismus, Freundlichkeit, Empathie, positives Denken

Arbeitswelt: Lauviah hilft ein anerkannter Experte auf dem eigenen Gebiet zu werden. Er kann zu Erfolg und Berühmtheit führen. Lauviah hilft bei schweren Prüfungen und Herausforderungen. Er schenkt Begabung für transzendente Musik, Poesie, Literatur und Philosophie.

Umwelt: Lauviah leitet dazu an, mit anderen zu teilen, freundlich, spendabel und warmherzig zu sein. Er unterstützt humanitäre Aktivitäten.

Familie / Liebe: Lauviah unterstützt ehrliche und offene Beziehungen. Er führt Menschen zusammen, die sich intuitiv verstehen.

Seele: Lauviah hilft bei der Selbstfindung und dem Definieren der Lebensaufgabe. Er schenkt Kenntnisse über die Wirkungsweisen der Psyche. Lauviah hilft in das Unbewusste vorzudringen.

Spiritualität: Lauviah trägt zur spirituellen Entwicklung bei und fördert intuitives Verhalten. Er hilft die Hintergründe irdischer Prüfungen zu verstehen und zu meistern. Lauviah führt in kosmische Gesetze ein. Er schenkt Wahrträume und hilft beim Entschlüsseln von Traumbotschaften und Hinweisen im alltäglichen Leben.

Schwächen: Neid, Eifersucht, Verleumdung, Illusion, Qual, Arroganz, Sturheit, Sorgen, Starrsinn, finanzielle Not, Revolte, sexuelle Probleme

Heilung: Angst, Nervosität, Depression, Pessimismus, Schlafprobleme, Knie, Osteoporose, Knochenbrüche, Kalkmangel

Sonstiges: Lauviah schützt vor Katastrophen.

18. Schutzengel   CALIEL / KALIEL

Engelart	Throne
Erzengel	Zaphkiel
Energie	Weiblich
Planet	Saturn
Element	Luft
Sternzeichen	Zwilling 25° - 30°
Farben	Indigo, Blassgelb, Hellgrün
Aromen	Mandel, Lavendel
Stein	Amazonit
Patron	Polen, Juristen, Richter
Gebet	Psalm 7,9 „Der Herr wird die Völker richten. Verschaffe mir Recht, Herr, denn ich bin doch im Recht. Du weißt, dass ich aufrichtig bin."
Physischer Engel	16. bis 21. Juni
Emotionaler Engel	25. Januar, 7. April, 21. Juni, 4. September, 16. November
Spiritueller Engel	5:40 bis 5:59 Uhr

Sigfinikant: Wahrheit

Gaben: Gerechtigkeit, Harmonie, Mut, Klugheit, Freimütigkeit, Offenheit, Gewissenhaftigkeit, Hilfsbereitschaft, Ehrlichkeit, Gesetzestreue, Hilfe, Geradlinigkeit

Arbeitswelt: Caliel stärkt die Ausdauer, um Pläne verwirklichen zu können. Gesetze, die das Handeln der Gesellschaft regeln, liegen ihm am Herzen. Er lässt die absolute Wahrheit erkennen. Seine Gerechtigkeitsliebe führt bei Unrecht zu schneller Hilfe. Caliel hilft Gut und Böse voneinander zu unterscheiden. Jeder erntet, was er sät.

Umwelt: Caliel wünscht Harmonie und Wohlergehen für alle gleichermaßen. Er schenkt ein gutes Einfühlungsvermögen in die Absichten und Gedanken anderer Menschen und ein gutes Urteilsvermögen.

Familie / Liebe: Caliel unterstützt harmonische, ehrliche Beziehungen.

Seele: Caliel befreit von Zweifeln und Verwirrung und stärkt die Selbstbeherrschung.

Spiritualität: Caliel hilft irdische Prüfungen zu bestehen, zu verstehen und zu analysieren. Er hilft Göttliches zu entdecken und die kosmischen Gesetze zu befolgen. Caliel fördert die spirituelle Entwicklung und schenkt karmische Visionen.

Schwächen: Verleumdung, Zweifel, Pessimismus, Mutlosigkeit, Verwirrung, Korruption, Lüge, Unwahrheit, Falschheit, Skandal, Unruhe

Heilung: Depression

Sonstiges: Caliel spendet schnelle Hilfe in Zeiten der Not.

19. Schutzengel LEUVIAH

Engelart	Throne
Erzengel	Zaphkiel
Energie	Weiblich
Planeten	Saturn, Jupiter
Element	Wasser
Sternzeichen	Krebs 0° - 5°
Farben	Indigo, Blassgrün
Aromen	Ysop, Mimose, Zitrone
Stein	Moldavit
Patron	Ungarn, Wissenschaftler, kosmische Bibliothek
Gebet	Psalm 40,2 „Immer habe ich auf den Herrn gehofft, und er hat sich mir zugewandt, hat mein Rufen erhört."
Physischer Engel	22. bis 26. Juni
Emotionaler Engel	26. Januar, 8. April, 22. Juni, 5. September, 17. November
Spiritueller Engel	6:00 bis 6:19 Uhr

Sigfinikant: Loslassen

Gaben: Loyalität, Toleranz, Kraft, Mut, Gerechtigkeit, Offenheit, Segen, Geduld, Vertrauen, Rettung, Glauben, Wahrheit, Liebenswürdigkeit, Empathie, Hilfsbereitschaft, Vernunft, Ehrlichkeit, Hingabe, Urteilskraft

Arbeitswelt: Leuviah erleichtert künstlerische und literarische Studien. Er stärkt die Intelligenz, das Gedächtnis, logisches Denken und die Erinnerungsfähigkeit. Leuviah unterstützt neue Projekte und das Umsetzen von Ideen. Er hilft irdische Prüfungen und Widerwärtigkeiten zu bestehen, zu verstehen und mit ihnen umgehen zu können. Er schenkt gute Gelegenheiten und Chancen.

Umwelt: Leuviah schenkt Geduld, um konzentriert Zuhören zu können. Er fördert die Hilfsbereitschaft.

Familie / Liebe: Leuviah zeigt Wege, um Emotionen fließen zu lassen und zu formulieren.

Seele: Leuviah hilft beim Loslassen negativer Erfahrungen. Er unterstützt das Arbeiten mit der Vergangenheit, um die Gegenwart zu verbessern.

Spiritualität: Leuviah fördert die spirituelle Entwicklung und das kosmische Gedächtnis, Erinnerungen an vergangene Leben können durch ihn auftauchen. Er unterstützt die Reinkarnation.

Schwächen: Misstrauen, Entmutigung, Erniedrigung, Einfältigkeit, Bitterkeit, Manipulation, Verzweiflung, Schuldgefühle, Gefühlskälte, schlechter Umgang

Heilung: Depression, Amnesie, Rückenschmerzen, Lenden, Wirbel

Sonstiges: Leuviah hütet die kosmische Bibliothek.

20. Schutzengel PAHALIAH

Engelart	Throne
Erzengel	Zaphkiel
Energie	Männlich
Planeten	Saturn, Mars
Element	Wasser
Sternzeichen	Krebs 5° - 10°
Farben	Indigo, Blau, Rot
Aromen	Muskat, Patchouli
Stein	Malachit
Patron	Missionare
Gebet	Psalm 12,2 „Hilf, Herr! Es gibt keinen Menschen mehr, der zu dir hält, die Treuen unter den Menschen sind weg."
Physischer Engel	27. bis 1. Juli
Emotionaler Engel	27. Januar, 9. April, 23. Juni, 6. September, 18. November
Spiritueller Engel	6:20 bis 6:39 Uhr

Sigfinikant: Berufung

Gaben: Mut, Ausdauer, Willen, Stärke, Vitalität, Lebensenergie, Ordnung, Moral, Erlösung, Instinkt, Belohnung, Glauben, Tapferkeit, Flexibilität, Treue, Reinheit, Dynamik

Arbeitswelt: Pahaliah hilft die wahre Berufung zu finden. Er stärkt die Konzentration und Überzeugungskraft. Pahaliah unterstützt schwere irdische Prüfungen zu bestehen. Er hilft Fehler zu korrigieren. Pahaliah schenkt körperliche Stärke. Er gibt Ruhe und Zeit, um Projekte zu realisieren.

Umwelt: Pahaliah lehrt zu verzichten und Opfer zu bringen. Er fördert andere Menschen zum Glauben zu führen und unterstützt gemeinsame Gebete und Meditationen.

Familie / Liebe: Pahaliah schenkt Reinheit in Intimitäten und Treue in der Liebe. Mit ihm sind Transzendenz, Erlösung und die Begegnung mit dem höheren Selbst durch Sexualität möglich.

Seele: Pahaliah sorgt für ein inneres Gleichgewicht. Er lotet die Instinkte aus. Pahaliah hilft falsche Wünsche abzulegen. Er unterstützt die Selbstfindung.

Spiritualität: Pahaliah stärkt das Gottvertrauen. Er vermittelt Bewusstsein für kosmische und weltliche Gesetze. Durch ihn kann Spiritualität und Urenergie erwachen. Pahaliah fördert ein harmonisches, spirituelles Leben und Begegnungen mit dem Höheren Selbst. Er kann die Kundalini erwecken.

Schwächen: Verleumdung, Egoismus, Gier, Selbstsucht, Promiskuität, Kampf, Machtmissbrauch, Gewalt, Fanatismus, Unflexibilität, Untreue, Starre, Materialismus, Böses

Heilung: Depressionen, Angst, Aggression, Lenden, Wirbel

Sonstiges: Pahaliah beschützt die Askese.

NELCHAEL / NELKHAEL

Engelart	Throne
Erzengel	Zaphkiel
Energie	Männlich
Planeten	Saturn, Sonne
Element	Wasser
Sternzeichen	Krebs 10° - 15°
Farben	Indigo, Hellblau, Koralle
Aromen	Akazie, Zypresse, Orange
Stein	Purpurfluorit
Patron	Mathematiker, Astrologen, Pädagogen
Gebet	Psalm 31,15 „Doch, Herr, ich vertraue auf dich, ich sage: Du bist mein Gott!"
Physischer Engel	2. bis 6. Juli
Emotionaler Engel	28. Januar, 10. April, 24. Juni, 7. September, 19. November
Spiritueller Engel	6:40 bis 6: 59 Uhr

Sigfinikant: Wissen

Gaben: Wissbegierde, Offenheit, Aufrichtigkeit, Güte, Sieg, Befreiung, Nächstenliebe, Erkenntnis, Allwissenheit, Konzentration, Ehrgeiz, Verantwortung, Selbstbewusstsein

Arbeitswelt: Nelchael unterstützt das Studium der Mathematik, Astrologie, Geometrie, Technologie und Physik. Er fördert Erfolge in der Dichtkunst, Poesie und Literatur. Nelchael schützt Lehrer und Erzieher. Er fördert die Freude am Lernen, Studieren und Lehren und hilft bei Prüfungen. Nelchael schenkt Weisen und Gelehrten Inspiration und einen freien Geist. Er verbessert die Konzentration, das Gedächtnis und logisches Denken.

Umwelt: Nelchael vermittelt, wie Wissen zum Allgemeinwohl hilfreich eingesetzt werden kann.

Familie / Liebe: Nelchael unterstützt die Erziehung der Kinder durch Eigenverantwortung, Wissen, Freiheit und Liebe.

Seele: Nelchael hilft bei der Selbstfindung und der Selbstverwirklichung.

Spiritualität: Nelchael leitet die spirituelle Reife durch universelles, kosmisches Wissen an. Er begleitet bei Gebeten, Mantren und Meditationen und schenkt Hellsicht.

Schwächen: Arroganz, Narzissmus, Irrtümer, Rache, Vorurteile, Stress, Provokation, Aberglaube, Illusion, Verleumdung, Unwissenheit, Faulheit, Versagen, Ignoranz, Egoismus, Unruhe

Heilung: Nervosität, Depression, Komplexe

Sonstiges: Nelchael wirkt unterstützend bei Atemtechniken.

Engelart	Throne
Erzengel	Zaphkiel
Energie	Männlich
Planeten	Saturn, Venus
Element	Wasser
Sternzeichen	Krebs 15° - 20°
Farben	Indigo, Gelb, Rosa
Aromen	Sandelholz, Tonka
Stein	Pyrit
Patron	England, Händler
Gebet	Psalm 121,5 + 6 „Der Herr behüte dich. Er ist der Schatten über dir, damit dir am Tag die Sonne nicht schadet und der Mond nicht in der Nacht."
Physischer Engel	7. bis 11. Juli
Emotionaler Engel	29. Januar, 11. April, 25. Juni, 8. September, 20. November
Spiritueller Engel	7:20 bis 7:39 Uhr

Sigfinikant: Ruhe

Gaben: Gerechtigkeit, Toleranz, Offenheit, Integrität, Altruismus, Bescheidenheit, Wahrheit, Respekt, Mut, Ruhm, Hilfsbereitschaft, Demut, Diplomatie, Güte

Arbeitswelt: Yeiaiel fördert Wissensdurst und Ehrgeiz im Studium, besonders bei Themen wie Kunst, Politik, Wissenschaften und Handel. Er schenkt Glück im Beruf, Erfolg, Ansehen, Vermögen, Ruhm und Popularität. Yeiaiel verleiht Diplomatie, Verantwortungsbewusstsein und Führungsqualitäten. Mit seiner Hilfe sind große Entdeckungen und Entwicklungen möglich. Yeiaiel unterstützt positive Veränderungen.

Umwelt: Yeiaiel fördert die Gastfreundschaft, lehrt respektvollen Umgang und trägt zur Entstehung von Freundschaften bei. Er inspiriert dazu Erfolg und materielle Güter zu teilen und Menschen bei persönlichen und materiellen Problemen zu helfen. Er belohnt mit der Anerkennung durch andere. Yeiaiel schenkt Sinn für Schönheit und Ästhetik.

Familie / Liebe: Yeiaiel unterstützt freundlichen, zuvorkommenden, diplomatischen Umgang in der Partnerschaft. Er schenkt ausgeglichene Gefühle und Liebe und lässt die Zeit miteinander genießen.

Seele: Yeiaiel verleiht eine stabile Selbstbeobachtung, lässt die eigenen Qualitäten erkennen und das Hinterfragen der eigenen Rolle im Leben. Er schenkt eine sensible, empathische Seele.

Spiritualität: Yeiaiel fördert spirituelle Reisen zu sich selbst.

Schwächen: Rivalität, Manipulation, Narzissmus, Tyrannei, Betrug, Stolz, Kälte, Größenwahn, Materialismus, Gier, Unzufriedenheit, Heuchlerei

Heilung: Reisekrankheit, Flugangst, Heim – und Fernweh

Sonstiges: Yeiaiel wirkt positiv bei Unwetter und Umweltkatastrophen. Er beschützt Reisende.

23. Schutzengel   MELAHEL

Engelart	Throne
Erzengel	Zaphkiel
Energie	Weiblich
Planeten	Saturn, Merkur
Element	Wasser
Sternzeichen	Krebs 20° - 25°
Farben	Indigo, Gelb, Grün
Aromen	Thymian, Mimose
Stein	Chalzedon
Patron	Alternativmediziner, Oekotrophologen
Gebet	Psalm 121,8 „Der Herr behütet dich wenn du fortgehst und wenn du wiederkommst, von jetzt an bis in Ewigkeit."
Physischer Engel	12. bis 16. Juli
Emotionaler Engel	30. Januar, 12. April, 26. Juni, 9. September, 21. November
Spiritueller Engel	7:20 bis 7:39 Uhr

Sigfinikant: Gesundheit

Gaben: Heilung, innere Ruhe, Hoffnung, Dankbarkeit, Identifikation,
Glaubenskraft, Einweihung, Sanftmut, Stabilität, Wertschätzung, Frieden

Arbeitswelt: Melahel schenkt die Fähigkeit andere kurieren zu können.
Er schützt Ärzte, Apotheker, Heiler und Naturwissenschaftler. Er gibt Wissen
über Kräuterheilkunde, alternative Medizinen und naturwissenschaftliche
Themen an Menschen weiter. Tiefe Ursachen von Krankheiten können
durch ihn erfasst werden. Melahel fordert auf, gesunde Lebensmittel
schätzen zu lernen und auf eine ausgewogene Ernährung zu achten.
Er erleichtert die Kommunikation in Wort und Schrift.

Umwelt: Melahel vermittelt Respekt und Wertschätzung für die Natur
und ihre geheimen Kräfte. Durch ihn wird Naturspiritualität möglich.
Er unterstützt Projekte im Umweltschutz und die Gartenarbeit.

Familie / Liebe: Melahel fördert Freundschaften und festigt Bande.
Er schenkt stabile Gefühle. Melahel unterstützt die Kommunikation in
der Familie.

Seele: Melahel schenkt Dankbarkeit für das Leben und Gottes Werk.

Spiritualität: Melahel hilft, den Sinn von Prüfungen, Verläufen und
Wiederholungen im Leben zu verstehen und zu analysieren. Der Glaube
ernährt sich durch Wissen.

Schwächen: Not, Terror, (Schuss-) Waffen, Krankeheit, Negation,
Verwirrung, Schmerzen, Verschmutzung, negative Gedanken, Unruhe

Heilung: Verbrennungen, Entzündungen, Infektionen, Parasiten,
Vergiftungen, Hauterkrankungen, Kreislauferkrankungen, Krämpfe,
Nervenerkrankungen, Krampfadern, Fieber, Wunden

24. Schutzengel HAHEUIAH / HAHUIAH

Engelart	Throne
Erzengel	Zaphkiel
Energie	Weiblich
Planeten	Saturn, Mond
Element	Wasser
Sternzeichen	Krebs 25° - 30°
Farben	Indigo, Gelb
Aromen	Tonka, Rose, Patchouli
Stein	blauer Fluorit
Patron	Flüchtlinge, Gefangene, Ordnungskräfte
Gebet	Psalm 32,8 „Ich will dich belehren und ich zeige dir den richtigen Weg. Ich will dich beraten und ich halte dich im Blick."
Physischer Engel	17. bis 22. Juli
Emotionaler Engel	31. Januar, 13. April, 27. Juni. 10. September, 22. November
Spiritueller Engel	7:40 bis 7:59 Uhr

Sigfinikant: Schutz

Gaben: Bescheidenheit, Diskretion, Toleranz, Wunscherfüllung, Wahrheit, Gelassenheit, Verantwortung, Gerechtigkeit, Mäßigkeit, Aufrichtigkeit, Einfachheit, Ehrlichkeit, Temperament

Arbeitswelt: Haheuiah fördert das Arbeiten mit Wissenschaften und das logische Denken. Er stärkt die Konzentration, das Gedächtnis und die Redegewandtheit. Haheuiah kann bei der Verwirklichung beruflicher Wünsche helfen.

Umwelt: Haheuiah lässt die eigenen Fehler sichtbar werden, verhilft zu Einsicht und Vergebung. Haheuiah schützt Verfolgte, Flüchtlinge und Menschen im Exil. Er mildert Strafen bei unrechten Taten.

Familie / Liebe: Haheuiah schützt das Eigentum und die Familie. Er fördert die Kommunikation innerhalb der Familie.

Seele: Haheuiah zeigt das Positive und Gute des Selbst.

Spiritualität: Haheuiah schenkt eine starke Intuition und Vorahnungen. Er hilft das Karma zu reparieren.

Schwächen: Straftaten, Verbrechen, Mord, Gefahren, Böses, Manipulation, Korruption, Flüche, Machtmissbrauch, Instabilität, Angst, Unbeständigkeit, Betrug, Verantwortungslosigkeit, Unrecht, Rache

Heilung: Depression, Melancholie

Sonstiges: Haheuiah schützt vor bösen Tieren und Mördern und in schwierigen Zeiten.

25. Schutzengel   NITH – HAIAH

Engelart	Herrschaften
Erzengel	Zadkiel
Energie	Weiblich
Planeten	Jupiter, Uranus
Element	Feuer
Sternzeichen	Löwen 0° - 5°
Farben	Blau, Indigo, Hellblau
Aromen	Ysop, Anis, Vanille
Stein	Rosenquarz
Patron	Theologen
Gebet	Psalm 9,2 „Ich danke dem Herrn von ganzem Herzen und erzähle alle seine Wunder!"
Physischer Engel	23. bis 27. Juli
Emotionaler Engel	1. Februar, 14. April, 28. Juni, 11. September, 23. November
Spiritueller Engel	8:00 bis 8:19 Uhr

Sigfinikator: Ruhe

Gaben: Mitgefühl, Weisheit, Verstand, hohe Liebe, Offenbarung, Stille, Meditation, Empathie, Intuition, Sanftmut, Frieden, Selbstlosigkeit

Arbeitswelt: Nith – Haiah deckt falsche Wahrnehmungen und irreale Interpretationen auf und hilft sie zu korrigieren. Berufliche Ziele können durch seine Unterstützung erreicht werden.

Umwelt: Nith – Haiah verleiht eine charismatische, spirituelle Ausstrahlung. Er lässt anderen Menschen Positives und Gutes wünschen und geben.

Familie / Liebe: Nith – Haiah schenkt große, hohe Liebe. Die Partner wachsen am Ausleben der Individualität.

Seele: Nith – Haiah hilft die Persönlichkeit zu entwickeln.

Spiritualität: Nith – Haiah unterstützt Entspannung, Gebete, Meditation und Kontemplation. Er hilft die Spiritualität zu entfalten. Nith – Haiah fördert die Bewusstseinserweiterung und leitet zu einer tiefen spirituellen Einsicht an. Er unterstützt Einsamkeit und Stille schätzen zu lernen. Nith – Haiah offenbart Geheimnisse und verborgene Wahrheiten. Er leitet an, die Schätze der Schöpfung wahrzunehmen. Nith – Haiah hilft die esoterische, metaphysische Welt zu verstehen, wie zum Beispiel die Kabbala. Er schenkt prophetische Träume. Nith – Haiah unterstützt Visionen und hilft sie zu verstehen und zu realisieren. Er fördert Tätigkeiten, die irdisches Sein und Spiritualität verbinden.

Schwächen: Konflikte, Irritation, Flüche, Unglaube, Entmutigung, Außenseiter, Verzweiflung, Egozentrik, Ungeduld, Unruhe, Illusion

26. Schutzengel   HAAIAH

Engelart	Herrschaften
Erzengel	Zadkiel
Energie	Männlich
Planeten	Jupiter, Saturn
Element	Feuer
Sternzeichen	Löwen 5° - 10°
Farben	Blau, Violett
Aromen	Patchouli, Rose, Geissblatt
Stein	Magnetit
Patron	Diplomaten, Politiker
Gebet	Psalm 119, 145 „Ich flehe dich an, antworte Herr! An deine Ordnungen halte ich mich."
Physischer Engel	28. bis 1. August
Emotionaler Engel	2. Februar, 15. April, 29. Juni, 12. September, 24. November
Spiritueller Engel	8:20 bis 8:39 Uhr

Sigfinikator: Diskretion

Gaben: Großzügigkeit, Güte, Wahrheit, Vertrauen, Frieden, Gerechtigkeit, Schutz, Tugend, Scharfsinn, Rechtschaffenheit, Zuverlässigkeit, Vorsicht, Taktgefühl, Engagament, Antrieb

Arbeitswelt: Haaiah erweckt positive Führungsqualitäten, die dem Allgemeinwohl dienen, wie bei Politikern, Diplomaten, Direktoren. Er unterstützt die berufliche Orientierung und fördert die Leistungsfähigkeit. Haaiah lässt Wahrheit durch Vernunft und Analyse erkennen. Er verschafft Sinn für gute Planung und Organisation, um auch schwierige, komplexe Lösungen zu finden. Haaiah hilft bei der Klärung rechtlicher und finanzieller Angelegenheiten und begünstigt Prozesse. Er schenkt die Fähigkeit, Macht und materiellen Überfluss zu koordinieren. Haaiah unterstützt die Diskretion, die Geheimhaltung und die Diplomatie.

Umwelt: Haaiah lässt Vertrauen und Freundschaften wachsen. Er hilft, gesellschaftlich und privat eine friedliche Atmosphäre zu schaffen. Haaiah schenkt glückliche Zufälle und Gelegenheiten.

Familie / Liebe: Haaiah vermittelt einen ausgeprägten Familiensinn, stärkt Bindungen und unterstützt ein friedliches, harmonisches Zusammenleben.

Seele: Haaiah wirkt wie ein Katalysator gegen negative Einflüsse.

Spiritualität: Haaiah lässt über Details der Schöpfung nachdenken und Respekt für die göttliche und innere Ordnung wachsen. Einblicke in kosmische Geheimnisse werden durch ihn möglich.

Schwächen: Egoismus, soziale Probleme, Indiskretion, Größenwahn, Faulheit, Gier, Verantwortungslosigkeit, Arroganz, Eifersucht, Machtmissbrauch, Verschwörung, Sinnlosigkeit, Verlangen, Hochmut

Heilung: psychische Komplexe

Sonstiges: Haaiah kann aufdecken, was der Gegner verbirgt.

Engelart	Herrschaften
Erzengel	Zadkiel
Energie	Weiblich
Planet	Jupiter
Element	Feuer
Sternzeichen	Löwe 10° - 15°
Farben	Blau, Rosa, Magenta
Aromen	Ahorn, Salbei, Ysop
Stein	Rauchquarz
Patron	Philosophen, Künstler
Gebet	Psalm 140,2 „Rette mich, Herr, vor bösen Menschen, schütze mich vor der Menschen roher Gewalt."
Physischer Engel	2. bis 6. August
Emotionaler Engel	3. Februar, 16. April, 17. April (bis 12 Uhr), 30. Juni, 13. September, 25. November
Spiritueller Engel	8:40 bis 8:59 Uhr

Sigfinikator: Vertrauen

Gaben: Optimismus, Freude, Lachen, Gerechtigkeit, Güte, Frieden, Kraft, Energie, Rettung, Freiheit, Kommunikation, Fortschritt, Entwicklung, Humor, Großzügigkeit, Empathie, Intelligenz, Sieg, Begeisterung

Arbeitswelt: Yerathel fördert das Studium von Philosophie, Theologie, Wissenschaften, Kunst und Schriftstellerei. Er bewahrt vor ungünstigen Investitionen und Aktionen. Yerathel stärkt die Konzentration, Inspiration und das Durchsetzungsvermögen.

Umwelt: Yerathel verhilft zu einer positiven, charismatischen Ausstrahlung. Er verbreitet Optimismus und fröhliche Stimmung. Yerathel unterstützt die Kommunikation, den Austausch mit anderen, er verbindet die Menschen und lehrt sie Umgänglichkeit. Er hilft Menschen zu integrieren und zu zivilisieren.

Familie / Liebe: Yerathel stärkt vertrauensvolle, positive, glückliche und humorvolle Partnerschaften.

Seele: Yerathel schafft innere Freiheit und Zufriedenheit. Er stärkt das Selbstvertrauen und die Selbstachtung.

Spiritualität: Yerathel fördert die spirituelle Entwicklung. Er schenkt die Mission, göttliches Licht verbreiten zu dürfen. Mit Reden, Schriften oder sozialen Aktionen können spirituelle Lehren vermittelt werden.

Schwächen: Rücksichtslosigkeit, Widersacher, Feinde, Verleumdung, Sucht, Angriffe, Unruhe, Chaos, Verschwendung, Gefangenschaft, Hyperaktivität, Sturheit, Konzentrationsmangel, Provokation, Bosheit, Unwissen, Egoismus

Heilung: Beine, Füße

Sonstiges: Yerathel kann Verleumder entlarven und vor Feinden schützen.

28. Schutzengel   SEHEIAH / SEEIAH

Engelart	Herrschaften
Erzengel	Zadkiel
Energie	Männlich
Planeten	Jupiter, Mars
Element	Feuer
Sternzeichen	Löwe 15° - 20°
Farben	Blau, Magenta, Violett
Aromen	Drachenblut, Nelke, Vanille
Stein	roter Jaspis
Patron	Assyrer, Mediziner, Heiler
Gebet	Psalm 71,12 „Gott, du bist so weit weg! Komm doch und hilf mir schnell!"
Physischer Engel	7. bis 12. August
Emotionaler Engel	4. Februar, 17. April, 18. April (bis 12 Uhr), 1. Juli, 14. September, 26. November
Spiritueller Engel	9:00 bis 9:19 Uhr

Sigfinikator: Langlebigkeit

Gaben: Gesundheit, Rehabilitation, Harmonie, Ruhe, Gelassenheit, Kraft, Sorglosigkeit, Vertrauen, Freude, Erfüllung, Weitsicht, Besonnenheit, Urteilskraft, Vorsicht, Vorsorge

Arbeitswelt: Seheiah vermittelt Weisheit durch Lebenserfahrung. Er hilft den Lebensplan zu finden und umzusetzen. Seheiah lehrt auch in ernsten Situationen optimistisch zu bleiben und Aggressionen und Ungeduld zu beherrschen.

Umwelt: Seheiah unterstützt begangene Fehler wieder gut zu machen.

Familie / Liebe: Seheiah fördert harmonische, ruhige und innige Partnerschaften.

Seele: Seheiah schenkt Vertrauen in den göttlichen Lebensplan und fördert die Hingabe.

Spiritualität: Seheiah schenkt Hellsicht, Vorahnungen und ein starkes intuitives Talent. Er lässt das Vertrauen in das eigene Schicksal aufblühen. Seheiah verbindet mit dem Heiligen Geist.

Schwächen: Unfälle, Chaos, Aufruhr, Verderben, Zusammenbruch, Ruin, Wut, Egoismus, Griesgram, Fahrlässigkeit, Geistesabwesend, Faulheit, Unfähigkeit, Jähzorn, Müdigkeit, Unvorsichtigkeit, Leichtsinn, Nachlässigkeit , Unruhe

Heilung: Wunderheilungen, Müdigkeit, Kurzsichtigkeit, Panikattacken, Angstzustände, Knochenmarkerkrankungen, Knochenbrüche, Ischias, Hüftprobleme, Verdauungsstörungen, Lähmungen

Sonstiges: Seheiah schützt bei Gewitterschäden, Feuer und großen Katastrophen.
Er beschützt Reisende und Menschen, die sich fern der Heimat aufhalten.

29. Schutzengel   REYIEL / REIIEL

Engelart	Herrschaften
Erzengel	Zadkiel
Energie	Männlich
Planeten	Jupiter, Sonne
Element	Feuer
Sternzeichen	Löwen 20° - 25°
Farben	Blau, Blasslila, Blassgold
Aromen	Orange, Muskat, Wacholder
Stein	Rubin
Patron	Peru
Gebet	Psalm 54,6 „Aber ich weiß, Gott ist mein Helfer! Der Herr ist es, der mein Leben beschützt."
Physischer Engel	13. bis 17. August
Emotionaler Engel	5. Februar, 19. April, 2. Juli, 15. September, 27. November
Spiritueller Engel	9:20 bis 9:39 Uhr

Sigfinikant: Befreiung

Gaben: Willen, Optimismus, Weisheit, Balance, Freiheit, Altruismus, Inspiration, Vertrauen, Empathie, Sensibilität, Weltoffenheit, Authentizität

Arbeitswelt: Reyiel inspiriert zum Arbeiten mit dem höheren Bewusstsein, wie in spirituellen Berufen. Er verleiht einen guten Ausdruck in Wort und Schrift für Ansprachen, Reden, Referate und Gebete. Reyiel unterstützt die Verbreitung von Wahrheit und Wissen. Er schenkt Inspiration und Antrieb zum Produzieren und Erschaffen.

Umwelt: Reyiel weckt die Vorliebe für weite Sicht, wie auf hohen Bergen oder am Meer. Globale Sichtweisen öffnen neue Perspektiven und lassen Illusionen verblassen. Er stärkt die Liebe zur Natur. Reyiel schenkt Feingefühl für die Mitmenschen und eine charismatische Ausstrahlung.

Familie / Liebe: Reyiel vermittelt universelle, bedingungslose, hohe Liebe und ein glückliches Familienleben.

Seele: Reyiel hilft dabei, die Identität zu finden und schenkt eine höhere Form des Bewusstseins. Das Analysieren des Lebensweges und die Selbstbetrachtung führen zur Befreiung von alten Lasten. Meditation kann die Selbstwahrnehmung verbessern und vertiefen.

Spiritualität: Reyiel lässt das Interesse an spirituellen Geheimnissen aufblühen. Er unterstützt Meditation und Gebete und kann bis zu Initiation und Transformation führen. Die Selbsterkenntnis kann in spiritueller Verwirklichung münden. Reyiel lässt Lichtkraft spürbar werden.

Schwächen: schädliche Ideen, Dogmatismus, schlechte Gesellschaft, Gier, Manipulation, Misstrauen, Lügen, Gefangenschaft, Heuchlerei, Geiz, Größenwahn, Extremismus, Materialismus, Stress, Scheinheiligkeit

Heilung: Depression, Angst

Sonstiges: Reyiel befreit von sichtbaren und unsichtbaren Feinden.

30. Schutzengel   OMAEL

Engelart	Herrschaften
Erzengel	Zadkiel
Energie	Männlich
Planeten	Jupiter, Venus
Element	Feuer
Sternzeichen	Löwen 25° - 30°
Farben	Blau, Gold
Aromen	Sandelholz, Geißblatt, Rose
Stein	Granat
Patron	Indianer, Chemiker, Tiere, Pflanzen
Gebet	Psalm 71,5 „Denn du bist meine Hoffnung, Herr, mein Herr, meine Zuversicht von meiner Jugend an."
Physischer Engel	18. bis 22. August
Emotionaler Engel	6. Februar, 20. April, 3. Juli, 16. September, 28. November
Spiritueller Engel	9:40 bis 9:59 Uhr

Sigfinikant: Geduld

Gaben: Freude, Erfüllung, Güte, Ausdauer, Toleranz, Heilung, Fruchtbarkeit, Schutz, Vermehrung, Entwicklung, Multiplikation, Produktion, Planung, Beruhigung, Frömmigkeit, Ausgeglichenheit, Optimismus

Arbeitswelt: Omael unterstützt das Studieren von Naturwissenschaften, Medizin und Chemie. Heilungsberufe werden durch ihn geschützt. Er bewahrt vor Mittellosigkeit und bringt Erfolg und gute Ernte. Omael kann Entwicklungen und Expansionen fördern. Er hilft Projekte zu planen, zu entwickeln und umzusetzen und stärkt die notwendige Verantwortung.

Umwelt: Omael verschafft eine intensive Beziehung zu Tieren und Pflanzen. Er unterstützt Bepflanzungen und landwirtschaftlichen Anbau. Omael fördert Geselligkeit und Kollektivität und schützt vor Isolation. Kraft und Trost an Mitmenschen zu geben wird von ihm unterstützt. Omael schützt und heilt auch alle Tiere und Pflanzen.

Familie / Liebe: Omael erleichtert die Erziehung und schenkt Zuwendung und Freundschaft von den Kindern zu den Eltern. Er schützt vor Unfruchtbarkeit und erleichtert Schwangerschaften. Die Ehe wird durch Geduld und Verantwortung stabilisiert.

Seele: Er hilft das innere Kind zu entdecken und zu verstehen.

Spiritualität: Omael ist ein erhebender Lichtengel, er fördert spirituelles Wachstum und Entwicklung. Er schenkt innere und äußere Reinheit.

Schwächen: Zerstörungswut, Aggressionen, Depression, Armut, Gier, Versagen, Ungeduld, Suizid, Verzweiflung, Blasphemie, Isolation

Heilung: Omael heilt langsam, aber stetig. Depressionen, Traurigkeit, Entmutigung, Erkältung, Schmerzen, Lebererkrankungen, Herpes, Hauterkrankungen, Akne, Tuberculose, Zysten, Uteruserkrankungen

Sonstiges: Ob wir Gutes oder Böses vermehren, liegt an uns selbst.

31. Schutzengel LECABEL / LEKABEL

Engelart	Herrschaften
Erzengel	Zadkiel
Energie	Männlich
Planeten	Jupiter, Merkur
Element	Erde
Sternzeichen	Jungfrau 0° - 5°
Farben	Blau, Violett, Transparent
Aromen	Anis, Geissblatt, Lavendel
Stein	Mondstein
Patron	China, Astrologen, Landwirte
Gebet	Psalm 71,16 „Ich will kommen mit den Großtaten Gottes, den Taten meines Herrn. Ich will deine Gerechtigkeit preisen, deine allein."
Physischer Engel	23. bis 28. August
Emotionaler Engel	7. Februar, 21. April, 4. Juli, 5. Juli (bis 12 Uhr), 17. September, 29. November
Spiritueller Engel	10:00 bis 10:19 Uhr

Sigfinikant: Ernte

Gaben: Inspiration, Erleuchtung, Herrlichkeit, Geduld, Ordnung, Ausdauer, Intelligenz, Frieden, Vermittlung, Konzentration, Wissen, Präzision, Talente, Urteilskraft, Schöpfung, Mühe, Intellekt, Optimismus

Arbeitswelt: Lecabel unterstützt Forschung, Wissenschaft, Mathematik, Astronomie und Astrologie. In der Landwirtschaft und dem Gartenbau fördert er eine gute Ernte. Lecabel schenkt Talente die Ruhm und Ehre einbringen können. Er gibt Kraft und Inspiration, um Begabungen voll ausschöpfen zu können. Lecabel hilft vorausschauend zu planen, sorgt für Ordnung, Strategie und Präzision. Kreative, innovative Ideen und brilliante Konzepte und Erfindungen werden durch ihn gefördert. Er erleichtert den Ausdruck in Wort und Schrift.

Umwelt: Lecabel schenkt spontane Lösungen bei schwierigen Fragen. Versöhnend und vermittelnd auf andere Menschen zugehen zu können wird durch ihn gefördert. Lecabel schenkt eine positive Ausstrahlung.

Familie / Liebe: Lecabel hilft Emotionen durch Vernunft zu kontrollieren. Er unterstützt zielgerichtete, geordnete Partnerschaften.

Seele: Lecabel hilft, das Glück durch Ausleben der eigenen Talente zu finden. Er lässt Dankbarkeit und Demut für die Gaben des Lebens erwachen.

Spiritualität: Lecabel öffnet Wege, um die Offenbarungen des Kosmos durch Beobachtung wahrzunehmen. Er schenkt göttliches Bewusstsein und Licht auf dem Pfad der Erleuchtung. Lecabel hilft die Rätsel des Lebens zu lösen. Er kann Hellsicht fördern.

Schwächen: Ablenkung, Nachlässigkeit, Verschwendung, Gleichgültig, List, Gier, dubiose Geschäftspartner, Konkurs, Manipulation, Unsicherheit, Geiz, Missbrauch, Unzufriedenheit, Gleichgültigkeit, Verschwendung, Ausbeutung

Heilung: Legasthenie

Sonstiges: Lecabel schützt vor Einbrechern.

32. Schutzengel   VASARIAH

Engelart	Herrschaften
Erzengel	Zadkiel
Energie	Weiblich
Planeten	Jupiter, Mond
Element	Erde
Sternzeichen	Jungfrau 5° - 10°
Farben	Blau, Transparent
Aromen	Rose, Anis, Lotos
Stein	Saphir
Patron	Tatarstan, Juristen
Gebet	Psalm 33,4 „Auf das Wort des Herrn ist Verlass und in all seinem Tun ist er treu."
Physischer Engel	29. bis 2. September
Emotionaler Engel	8. Februar, 22. April, 5. Juli, 6. Juli (bis 12 Uhr), 18. September, 30. November
Spiritueller Engel	10:20 bis 10:39 Uhr

Sigfinikant: Unterstützung

Gaben: Großzügigkeit, Gerechtigkeit, Toleranz, Altruismus, Demut, Gnade, Edelmut, Freundlichkeit, Empathie, Wohlwollen, Nachsicht, Milde, Güte, Vergebung, Freigeist, Barmherzigkeit

Arbeitswelt: Vasariah schenkt Talent für sprachliche Kommunikation und Redegewandtheit. Er verbessert das Erinnerungsvermögen und das Gedächtnis. Vasariah steht bei rechtlichen und finanziellen Angelegenheiten bei und kann zu Reichtum verhelfen. Er unterstützt das Nachdenken über Organisation, Planung und Strategie eines Projektes und hilft Lösungen zu finden. Er lässt die Bedeutung hinter einer Herausforderung erkennen.

Umwelt: Vasariah bewahrt vor Illusionen und Leichtgläubigkeit. Er lehrt anderen und sich selbst zu vergeben. Vasariah stärkt den Gehörsinn und veranlasst zu tiefgründigem Zuhören.

Familie / Liebe: Vasariah unterstützt aufrichtige, freundliche, wohlwollende Beziehungen. Er fördert Zärtlichkeiten, Liebe und Romantik.

Seele: Vasariah erlöst von schlechten Erinnerungen und Schuldgefühlen. Durch Einsicht können Schäden wieder gut gemacht werden.

Spiritualität: Vasariah ermöglicht am Selbst zu arbeiten und fördert Interesse an Philosophie und Gottes Gesetzen. Er gewährt Zugriff auf das kosmische Gedächtnis.

Schwächen: Angriff, Aggression, Versuchung, Unhöflichkeit, Arroganz, Rache, Unrecht, Grob, Materialismus, Stolz, Verantwortungslosigkeit, Lüge, Verdrängung, Verrat, Unfähigkeit, Krankheit

Heilung: Ohren

Sonstiges: Er vermittelt Unterstützung durch andere Engel und höher gestellte Menschen.

Engelart	Mächte
Erzengel	Kamael
Energie	Weiblich
Planeten	Mars, Uranus
Element	Erde
Sternzeichen	Jungfrau 10° - 15°
Farben	Rot, Rosa
Aromen	Muskat, Kiefer, Minze
Stein	Rhodochrosit
Patron	Vorgesetzte
Gebet	Psalm 94,11 „Der Herr kennt die Pläne der Menschen, er weiß, sie sind nur Dunst."
Physischer Engel	3. bis 7. September
Emotionaler Engel	9. Februar, 23. April, 7. Juli, 19. September, 1. Dezember
Spiritueller Engel	10:40 bis 10.59 Uhr

Sigfinikant: Herausforderung

Gaben: Willen, Aufrichtigkeit, Disziplin, Altruismus, Tatkraft, Engagement, Teamgeist, Partnerschaft, Übereinstimmung, Wertschätzung, Inspiration, Loyalität, Pflichtbewusstsein, Fairness, Dynamik, Mut

Arbeitswelt: Yehuiah unterstützt die Suche nach der beruflichen Aufgabe. Er verstärkt positive Arbeitsdynamik, Teamgeist, Fairness und die Fähigkeit, mit Menschen in wichtigen Positionen zusammen zu arbeiten. Yehuiah hilft Hierarchien zu erkennen und sich einzuordnen. Er unterstützt wissenschaftliche Entdeckungen. Yehuiah schenkt Anerkennung und Wertschätzung im Beruf. Stresssituationen werden durch ihn erleichtert.

Umwelt: Yehuiah hilft dauerhafte Freundschaften zu bilden. Er unterstützt dabei, anderen Menschen hilfreich und inspirierend zur Seite zu stehen. Yehuiah stärkt die Selbstbeherrschung und verhindert Konflikte und Konfrontationen.

Familie / Liebe: Yehuiah fördert langfristige Partnerschaften, die in ihrem Wesen übereinstimmen und sich treu bleiben.

Seele: Yehuiah hilft, die eigene Identität zu finden. Er bereinigt Altlasten und unterstützt das Loslassen der Vergangenheit.

Spiritualität: Yehuiah hilft den Platz in der kosmischen Ordnung bewusst wahrzunehmen. Er unterstützt spirituelle Initiationen. Die Hingabe führt dazu, andere Menschen an Spiritualität heranführen zu können. Yehuiah schenkt Schutz durch göttliche Kraft.

Schwächen: Verrat, Unehrlichkeit, Begierde, Untreue, Aggression, Tyrannei, Egoismus, Verachtung, Unflexibilität, Belästigung, Heuchlerei, Konflikte, Verschwörung, Ungehorsam, Konfrontation, Aufsässigigkeit

Heilung: Beine, Sucht, Komplexe

Sonstiges: Yehuiah schenkt Schutz von Oben.

34. Schutzengel LEHAHIAH

Engelart	Mächte
Erzengel	Kamael
Energie	Weiblich
Planeten	Mars, Saturn
Element	Erde
Sternzeichen	Jungfrau 15° - 20°
Farben	Rot, Indigo, Violett
Aromen	Magnolie, Vanille, Zypresse
Stein	Quarz
Patron	Kongo, Vorgesetzte
Gebet	Psalm 130,5 „Ich hoffe auf den Herrn, alles in mir hofft. Und ich warte auf sein Wort."
Physischer Engel	8. bis 12. September
Emotionaler Engel	10. Februar, 24. April, 8. Juli, 20. September, 21. September (bis 12 Uhr), 2. Dezember
Spiritueller Engel	11:00 bis 11.19 Uhr

Sigfinikant: Gehorsam

Gaben: Milde, Gnade, Gelassenheit, Glück, Disziplin, Intelligenz, Würde, Ausgeglichenheit, Anpassung, Treue, Vertrauen, Ordnung, Loyalität, Ehrlichkeit, Verantwortung, Tatkraft, Respekt, Ehre, Autorität, Ausdauer

Arbeitswelt: Von Lehahiahs Unterstützung profitieren Direktoren, Minister, Präsidenten und Arbeitgeber. Er begünstigt beruflichen Erfolg durch Rechtschaffenheit, Konzentration, Klarheit und Intelligenz. Lehahiah fördert Planungen und Durchführung von Projekten. Er stärkt das Gedächtnis und schenkt gute Begabungen. Lehahiah bewahrt vor Konkurrenzdenken, macht unbestechlich und schützt vor untreuen und unzuverlässigen Menschen. Er unterstützt die Liebe zur Arbeit und kann zu Titeln und Ehren führen.

Umwelt: Lehahiah unterstützt es, Frieden zu schaffen und zu bewahren. Er führt zu großzügigen Handlungen, macht freigiebig und selbstlos. Zweifelhafte Situationen können durch seine Hilfe leicht gemeistert werden.

Familie / Liebe: Lehahiah verstärkt Liebe, Respekt, Harmonie, Friede und Treue in der Partnerschaft.

Seele: Lehahiah sorgt für inneren Frieden. Er fördert die Selbstliebe.

Spiritualität: Lehahiah hilft das göttliche Werk zu achten und zu verstehen und das eigene Schicksal zu akzeptieren.

Schwächen: Zorn, Ruin, Verwüstung, Aufsässigkeit, Ärger, Impulsivität, Ungehorsam, Untreue, Lüge, Diktatur, Tyrannei, Kampf, Ablehnung, Unflexibilität, Wut, Kriminalität, Faulheit, Starre, Sturheit, Frust

Heilung: Komplexe

35. Schutzengel KHAVAQUIAH / CHAVAKHIAH

Engelart	Mächte
Erzengel	Kamael
Energie	Weiblich
Planeten	Mars, Saturn
Element	Erde
Sternzeichen	Jungfrau 20° - 25°
Farben	Rot, Türkis, Orange
Aromen	Muskat, Drachenblut
Stein	Schwarzer Turmalin
Patron	Angola, Familie
Gebet	Psalm 116,1 „Ich liebe den Herrn, denn er hörte meine Stimme, hat mein flehendes Rufen gehört."
Physischer Engel	13. bis 17. September
Emotionaler Engel	11. Februar, 25. April, 9. Juli, 21. September, 22. September (bis 12 Uhr), 3. Dezember
Spiritueller Engel	11:20 bis 11:39 Uhr

Sigfinikant: Versöhnung

Gaben: Weltfrieden, Willen, Optimismus, Konzentration, Freude, Treue, Vergebung, Harmonie, Loyalität, Vertrauen, Hilfe, Vermächtnis, Nachfolge

Arbeitswelt: Khavaquiah unterstützt Geistes – und Sozialwissenschaften. Er hilft bei der Suche nach einer beruflichen Aufgabe. Khavaquiah schenkt Erfolg und Anerkennung durch Leistungsfähigkeit und Loyalität. Er unterstützt Ausdauer und Ruhe, um Ziele zu erreichen.

Umwelt: Khavaquiah kümmert sich darum, gesellschaftliche Störungen und Unruhen zu vermeiden. Er versöhnt Menschen nach Beleidigungen. Feinde können zu Freunden werden. Auch eingeschlafene Freundschaften kann er wieder beleben. Khavaquiah bringt Menschen näher zusammen. Er wirkt wie ein Friedenstifter und Schlichter und gibt dies an die Menschen weiter.

Familie / Liebe: Khavaquiah unterstützt den Zusammenhalt der Familie. Er festigt friedliche und harmonische Bindungen und schenkt Bewusstsein für die heilige Bedeutung der Familie. Er sorgt für eine starke Eltern – Kind – Bindung, für Verständnis und gegenseitige Hilfe. Khavaquiah hilft bei allen Problemen innerhalb der Familie.

Seele: Khavaquiah unterstützt die Versöhnung mit sich selbst. Er hilft, sich selbst treu zu bleiben. Khavaquiah löst emotionale und materielle Abhängigkeiten auf.

Spiritualität: Khavaquiah bringt altes Wissen und die Weisheit der Ahnen zum Vorschein.

Schwächen: Eitelkeit, Übertreibung, Eifersucht, Neid, Verrat, Egoismus, Konflikte, Ruin, Beleidigung, Unfair, Intoleranz, Trennung, Zwietracht

Heilung: Erbkrankheiten

Sonstiges: Khavaquiah beschützt die Familie.

36. Schutzengel   MENADEL

Engelart	Mächte
Erzengel	Kamael
Energie	Männlich
Planet	Mars
Element	Erde
Sternzeichen	Jungfrau 25° - 30°
Farben	Rot, Koralle, Rosa
Aromen	Moschus, Nelke, Vanille
Stein	Karneol
Patron	Mauren, Nomaden, Arbeitssuchende, Arbeiter
Gebet	Psalm 25,8 „Der Herr ist gut und gerecht, darum belehrt er die Sünder."
Physischer Engel	18. bis 23. September
Emotionaler Engel	12. Februar, 26. April, 10. Juli, 23. September, 4. Dezember
Spiritueller Engel	11:40 bis 11:59 Uhr

Sigfinikant: Befreiung

Gaben: Gerechtigkeit, Wahrheit, Motivation, Mut, Offenheit, Ehre, Großzügigkeit, Freiheit, Kooperation, Hilfsbereitschaft, Anpassung, Objektivität, Lebensunterhalt, Fleiß

Arbeitswelt: Menadel hilft bei der Eingliederung oder dem Aufstieg im Beruf. Er führt zur Berufung und dem Sinn der Arbeit, lässt Erfüllung und Hingabe im Beruf aufblühen. Menadel schenkt Kraftschübe und Energie und hilft in schwierigen Situationen Lösungen zu finden. Er schenkt handwerkliches Geschick und Ideen und lässt die eigenen Talente erkennen.

Umwelt: Menadel treibt an, auch anderen bei der Arbeitssuche zu helfen und sie anzuleiten. Auch im Alltag unterstützt er aktive Hilfsbereitschaft. Menadel schenkt Interesse an Kräutern und Edelsteinen.

Familie / Liebe: Menadel fördert einen aktiven, gemeinsamen Ehealltag und gegenseitige Gaben und Hilfe.

Seele: Menadel befreit von Schmerzen aus der Vergangenheit. Er hilft an sich selbst zu arbeiten und befreit von schlechten Gewohnheiten.

Spiritualität: Menadel lässt spirituelles Wissen in den Alltag einfließen und praktisch umsetzen.

Schwächen: Verleumdung, Verdächtigung, Klatsch, üble Nachrede, Faulheit, Aggression, Impulsivität, Ziellosigkeit, Materialismus, Trotz, Flucht, Ruin, Abhängigkeit, Exil, Erschöpfung, Kälte, Aggression

Heilung: Beine, Sucht

Sonstiges: Menadel befreit Gefangene, Sklaven, Geflüchtete und im Exil lebende Menschen.

37. Schutzengel   ANIEL

Engelart	Mächte
Erzengel	Kamael
Energie	Männlich
Planeten	Mars, Sonne
Element	Luft
Sternzeichen	Waage 0° - 5°
Farben	Rot, Grün
Aromen	Muskat, Wacholder, Zimt
Stein	Rosa Turmalin
Patron	Philosophen
Gebet	Psalm 80,8 „Stell uns wieder her, allmächtiger Gott; blick uns wieder freundlich an, dann sind wir gerettet."
Physischer Engel	24. bis 28. September
Emotionaler Engel	13. Februar, 27. April, 11. Juli, 12. Juli (bis 12 Uhr), 24. September, 25. September (bis 12 Uhr), 5. Dezember
Spiritueller Engel	12:00 bis 12:19 Uhr

Sigfinikant: Schutz

Gaben: Mut, Willen, Tugend, Veränderung, Lösen, Autorität, Sieg, Solidarität, Hilfsbereitschaft, Unabhängigkeit, Erneuerung, Intellekt, Inspiration, Frieden, Gelehrsamkeit

Arbeitswelt: Aniel inspiriert zu Wissenschaft und Kunst. Er sorgt für große Lernbereitschaft und unterstützt neue Formen der Wissenschaft, innovative Konzepte und Ideen. Aniel fördert Änderungen und Erneuerungen von Denkweisen und schenkt Mut, um Neues anzufangen.

Umwelt: Aniel unterstützt den Zusammenhalt von Gruppen.
Er offenbart die Geheimnisse der Natur.

Familie / Liebe: Aniel reinigt die Sexualität und emotionale Impulse.

Seele: Aniel hilft Selbstvertrauen und Persönlichkeit zu entwickeln.
Er befreit von Anhaftungen aus der Vergangenheit.

Spiritualität: Aniel lässt die Phasen des Lebens und der Evolution verstehen. Er unterweist in universelle Gesetze und Kenntnisse über die Schöpfung, die als Grundlange lebenslanger Inspiration genutzt werden können. Aniel beendet karmische Zyklen und wiederholende Strukturen und lässt ihren Hintergrund erkennen und verstehen. Er schenkt und verbessert die Hellsicht.

Schwächen: Lügen, schadhafte Menschen, negative Kräfte, Verbohrtheit, Sturheit, Steifheit, Anhaftung, Materialismus, Scharlatan, Sucht, Aggression

Heilung: Sucht

Sonstiges: Aniel lässt die Geschichte der Menschen erforschen und verstehen.

38. Schutzengel HAAMIAH

Engelart	Mächte
Erzengel	Kamael
Energie	Weiblich
Planeten	Mars, Venus
Element	Luft
Sternzeichen	Waage 5° - 10°
Farben	Rot, Orange, Indigo
Aromen	Muskat, Sandelholz
Stein	Peridot
Patron	Kabbalisten, Theologen
Gebet	Psalm 91,9 „Wenn Gott deine Zuflucht ist, dann hast du den Höchsten als Schutz dir gewählt."
Physischer Engel	29. September bis 3. Oktober
Emotionaler Engel	14. Februar, 28. April, 12. Juli, 25. September, 6. Dezember
Spiritueller Engel	12:20 bis 12.39 Uhr

Sigfinikant: Wunscherfüllung

Gaben: Hoffnung, Weihe, Schönheit, Seligkeit, Zufriedenheit, Glück, Harmonie, Wahrheit, Sanftmut, Manieren, Höflichkeit, Freundlichkeit, Integrität, Wahrhaftigkeit, Frieden, Gastfreundlichkeit, Liebe

Arbeitswelt: Haamiah unterstützt das Studium der Theologie. Er schenkt Sinn für Strategie und Planung. Haamiah unterstützt Talente, die mit der Stimme in Verbindung stehen, wie Sprache und Gesang.

Umwelt: Haamiah hilft die Wahrheit zu suchen und zu finden. Er leitet dazu an, sich um andere zu kümmern, sie mit Liebe und Akzeptanz zu verwöhnen, gastfreundlich zu bewirten und Mahlzeiten zu kochen.

Familie / Liebe: Haamiah führt Seelenpartner*innen zusammen und hilft die/den ideale/n Partner*in zu finden. Durch ihn kann eine außergewöhnliche Liebe entstehen. Sexualität wird spirituell erlebt und führt zur perfekten Ergänzung. Haamiah schenkt Kraft durch die Liebe.

Seele: Haamiah hilft positive, konstruktive Gewohnheiten auszubilden. Er fördert die Selbstliebe und Akzeptanz. Haamiah animiert dazu, sich selbst Gutes zu gönnen und sich zu verwöhnen.

Spiritualität: Haamiah schenkt Verständnis für alle Religionen und Rituale. Er steht bei der Vorbereitung von Zeremonien zur Seite. Haamiah lässt Rituale in den Alltag integrieren, das Leben selbst als Ritual sehen und Wertschätzung in jedem Augenblick erkennen.

Schwächen: Lüge, Betrug, Gewalt, Egoismus, Ungeduld, Gefühlskälte, Rücksichtslosigkeit, Unhöflichkeit, Hass, Irrtum, Aggression, Negieren, Isolation, Unfreundlichkeit, Ablehnung, Materialismus

Heilung: Hals, Stimmebänder, Kehle

Sonstiges: Haamiah schenkt Schätze im Himmel und auf Erden. Er leitet zu Wunscherfüllungen an.

39. Schutzengel   REHAEL

Engelart	Mächte
Erzengel	Kamael
Energie	Männlich
Planeten	Mars, Merkur
Element	Luft
Sternzeichen	Waage 10° - 15°
Farben	Rot, Türkis
Aromen	Muskat, Minze, Zitrone
Stein	Rosenquarz
Patron	Schotten, Heilkundige, Kinder
Gebet	Psalm 30,11 „Höre, Herr, und schenke mir Gunst! Sei du meine Hilfe, Herr!"
Physischer Engel	4. bis 8. Oktober
Emotionaler Engel	15. Februar, 29. April, 13. Juli, 26. September, 7. Dezember
Spiritueller Engel	12:40 bis 12:59 Uhr

Sigfinikant: Gesundheit

Gaben: Offenheit, Vergebung, Barmherzigkeit, Verjüngung, Akzeptanz, Urteilskraft, Achtung, Aufgeschlossenheit, Verständnis, Fröhlichkeit, Demut

Arbeitswelt: Rehael schenkt Sinn für Kommunikation, Reden und Zuhören. Er unterstützt Unterscheidungs – und Urteilsfähigkeit. Rehael zeigt Wege, um Hierarchien zu akzeptieren und Gehorsam gegenüber Autoritätspersonen zu zeigen. Er gibt die Fähigkeit zum Vermitteln.

Umwelt: Rehael lässt sensibel, aufgeschlossen und verständnisvoll auf andere Menschen zugehen. Er schenkt besonderen Respekt für ältere Mitmenschen. Rehael weckt tiefe Achtung für das Weltgeschehen.

Familie / Liebe: Rehael fördert den Zusammenhalt der Familie, Respekt und Harmonie. Er schenkt intensive Liebe, vor allem vom Vater zu Kindern. Unter Rehaels Schutz gehen Kinder mit Respekt und Gehorsam auf die Eltern zu.

Seele: Rehael hebt die Gemütslage. Er zeigt Wege, um Kontakt zum inneren Kind zu finden.

Spiritualität: Rehael schenkt Vertrauen und Demut für den Lebensweg. Er lässt den Sinn in Erlebten erkennen und fördert die spirituelle Entwicklung.

Schwächen: Verleumdung, Taubheit, Ignoranz, Unterwerfung, Kälte, Hass, Ungehorsam, Bösartig gegen Kindern und Senioren, innere Unruhe, Zwang, Härte, Engstirnigkeit, Grausamkeit, Größenwahn, Egoismus, Verschlossen, Rebellig

Heilung: Depressionen, Angst, Gehirn, Suizidgedanken, Meningitis, Knie, emotionale Probleme, Prostata, Geisteskrankheiten, Ohren, Wirbelsäule, Urogenitalbereich, Verletzungen

Sonstiges: Rehael kann Böses in Gutes verwandeln.

Engelart	Mächte
Erzengel	Kamael
Energie	Männlich
Planeten	Mars, Mond
Element	Luft
Sternzeichen	Waage 15° - 20°
Farben	Rot, Blau, Blassgold
Aromen	Muskat, Veilchen
Stein	Perle
Patron	Belgien, Künstler
Gebet	Psalm 88,15 „Warum Herr, verabscheust du mich, verbirgst du dein Gesicht vor mir?"
Physischer Engel	9. bis 13. Oktober
Emotionaler Engel	16. Februar, 30. April, 14. Juli, 27. September, 8. Dezember
Spiritueller Engel	13:00 bis 13.19 Uhr

Sigfinikant: Trost

Gaben: Klarheit, Freude, Harmonie, Frieden, Hilfe, Inspiration, Mut, Zuversicht, Ermutigung, Kraft, Verjüngung, Trost, Vertrauen, Frohsinn, Wertschätzung, Reparatur

Arbeitswelt: Ieiazel inspiriert Kreative zum Schreiben, zum Malen und zur Musik und fördert das Studium der Kunst. Besonders das Singen liegt ihm am Herzen. Er fördert die Veröffentlichungen von Literatur. Ieiazel erleichtert Anstrengungen, schenkt Kraft bei der Erneuerung nach einer schweren Zeit, fördert Neuanfänge und hilft Neues zu erschaffen. Er hilft, Misserfolge zu verarbeiten. Ieiazel spendet Vertrauen in die eigenen Fähigkeiten.

Umwelt: Ieiazel schenkt das Talent, andere Menschen trösten, aufmuntern und inspirieren zu können.

Familie / Liebe: Ieiazel kanalisiert intensive Energien und Leidenschaften, er bewahrt vor Gefühlsausbrüchen und extremen Emotionen. Er schenkt Geborgenheit und Zuneigung.

Seele: Ieiazel löst von negativen Gedanken und wirkt ausgleichend. Er klärt und löst seelische Unstimmigkeiten. Ieiazel schenkt inneren Frieden und stärkt das Selbstvertrauen.

Spiritualität: Ieiazel schenkt spirituelle Erfahrungen durch Musik, Gesang und Kunst. Er bringt göttliches Licht.

Schwächen: Isolation, Zurückgezogenheit, Sklaverei, Gefühlsausbrüche, Entmutigung, Destruktivität, Aggression, Pessimismus, Flucht, Sucht

Heilung: Sucht, Alterungsprozesse, allgemeine Heilung

Sonstiges: Ieiazel hilft Gefangenen und Unterdrückten in die Freiheit. Er hilft, sich dem toxischen Einfluss anderer Menschen zu entziehen, aus Abhängigkeiten und Tyrannei heraus.

41. Schutzengel　　　HAHAHEL

Engelart	Gewalten
Erzengel	Michael
Energie	Männlich
Planeten	Sonne, Uranus
Element	Luft
Sternzeichen	Waage 20° - 25°
Farben	Orange, Blau, Rosa
Aromen	Akazie, Orange, Patchouli
Stein	Rutilquarz
Patron	Irland, Missionare
Gebet	Psalm 120,2 „Herr, rette mich vor diesen Lügenmäulern und vor ihren falschen Zungen!"
Physischer Engel	14. bis 18. Oktober
Emotionaler Engel	17. Februar, 1. Mai, 15. Juli, 28. September, 9. Dezember
Spiritueller Engel	13:30 bis 13:39 Uhr

Sigfinikant: Geist

Gaben: Bescheidenheit, reiner Glaube, universelle Liebe, Enthusiasmus, Lebensfreude, Einfachheit, Großzügigkeit, Mut, Opfer, Gewissen

Arbeitswelt: Hahahel unterstützt Studien in Medizin, Pharmazie, Esoterik. Er kann eine Berufung im spirituellen Bereich fördern und schenkt großen geistigen und spirituellen Reichtum. Hahahel lässt Handlungen einen tieferen Sinn geben und weist durch Visionen Wege zum Ziel. Er kann Geist und Materie verbinden.

Umwelt: Hahahel fördert Unterhaltungen über spirituelle Themen. Er lässt große Anstrengungen bewältigen, um anderen Menschen Hilfe zukommen zu lassen und bedingungslos zu Geben. Er hilft Menschen, die alleine, gemieden oder isoliert leben. Hahahel kann Konflikte auflösen.

Familie / Liebe: Hahahel schenkt hohe, universelle Liebe. Er kann zu einem friedlichen, erfüllten Dasein verhelfen.

Seele: Hahahel lässt die Seele durch Selbstwahrnehmung wachsen. Er hilft schädliche Gewohnheiten abzulegen.

Spiritualität: Hahahel festigt den Glauben und bietet Orientierung im Alltag durch Religion und Geist. Er unterstützt es, ein Diener Gottes zu sein. Hahahel hilft den Sinn des Lebens und den Grund des Daseins zu verstehen. Er unterstützt Meditationen und Gebete. Mit Hahahels Hilfe können Aktivitäten wie Missionen gelebt werden.

Schwächen: Verleumdung, Leichtsinn, Egoismus, Materialismus, Hass, spirituelle Feinde, Verachtung, Spott, Elend, Leid, Folter, Schmerzen, Missbrauch, Extremismus, Unflexibel, Skandale, Sinnlosigkeit, Isolation

Heilung: Hahahel vereinigt Körper, Geist und Seele.

Sonstiges: Hahahel ist der Engel der Dreifaltigkeit. Er schenkt heilende Hände.

42. Schutzengel   MIKAEL

Engelart	Gewalten
Erzengel	Michael
Energie	Männlich
Planeten	Sonne, Saturn
Element	Luft
Sternzeichen	Waage 25° - 30°
Farben	Orange, Blau
Aromen	Orange, Sandelholz, Geissblatt
Stein	Obsidian
Patron	Kanada, Diplomaten, Politikern
Gebet	Psalm 121,7 „Der Herr behütet dich vor allem Bösen, er bewahrt auch dein Leben."
Physischer Engel	19. bis 23. Oktober
Emotionaler Engel	18. Februar, 2. Mai, 16. Juli, 29. September, 30. September (bis 12 Uhr), 10. Dezember
Spiritueller Engel	13:40 bis 13:59 Uhr

Sigfinikant: Organisation

Gaben: Optimismus, Lebensfreude, Bescheidenheit, Diplomatie, Ruhe, Gerechtigkeit, Schutz, Sicherheit, Ordnung, Gelassenheit, Respekt, Disziplin, Ethik, Verantwortung

Arbeitswelt: Mikael schützt Politiker, Diplomaten, Direktoren, Botschafter, Minister und Lehrer. Er unterstützt ethisches und gerechtes Regieren und schenkt diplomatische Talente und politische Ordnungen. Mikael lässt hinter die Pläne von Feinden und Konkurrenten schauen und die Natur von Gut und Böse erkennen. Mikael unterstützt fortschrittliche Entwicklungen und Expansionen. Er fördert soziale und geistige Organisationen. Mikael schenkt globale Perspektiven und einen weltoffenen Verstand. Er sorgt für Klarheit und Überblick. Mikael schenkt eine natürliche Autorität mit Treue zu Idealen. Er lässt Wissen zum Allgemeinwohl einsetzen.

Umwelt: Mikael fördert das Einvernehmen in Gruppen.

Familie / Liebe: Mikael unterstützt erfolgreiche Beziehungen, die sich weiterentwickeln. Er schenkt ein ausgeglichenes Familienleben.

Seele: Mikael inspiriert die Selbsterkenntnis durch Träume.

Spiritualität: Mikael schenkt Träume durch die Mysterien und Geheimnisse entdeckt werden können. Er unterstützt die Intuition und Vorahnungen.

Schwächen: Unfälle, Unglücke, Widrigkeiten, Machtmissbrauch, Verrat, Doppelmoral, Gier, Neid, Heuchelei, Unehrlichkeit, Verleumdung, Missgunst, Unordnung, Kraftlosigkeit

Heilung: Angst, Nervösität, Komplexe

Sonstiges: Mikael sorgt für angenehme und sichere Reisen.

Engelart	Gewalten
Erzengel	Michael
Energie	Weiblich
Planeten	Sonne, Jupiter
Element	Wasser
Sternzeichen	Skorpion 0° - 5°
Farben	Orange, Blassviolett, Blassgrün
Aromen	Orange, Wacholder, Muskat
Stein	Smaragd
Patron	Kalifornien, Wirtschaft
Gebet	Psalm 88,14 „Ich aber, Herr, ich schreibe zu dir. Jeden Morgen erreicht dich mein Gebet."
Physischer Engel	24. bis 28. Oktober
Emotionaler Engel	19. Februar, 3. Mai, 17. Juli, 30. September, 11. Dezember
Spiritueller Engel	14:00 bis 14:19

Sigfinikant: Fülle

Gaben: Frieden, Lebensfreude, Wohlstand, Glück, Erfolg, Güte, Autorität, Enthusiasmus, Motivation, Bescheidenheit, Altruismus, Kraft, Vertrauen

Arbeitswelt: Veuliah fördert Handel, Wirtschaft, Finanzwesen, Managment und Verwaltungen. Er unterstützt berufliche Beziehungen und sorgt für Einvernehmen und Erfolg. Veuliah schenkt Vorgesetzten Kraft und Vertrauen und lässt sie mit Güte als natürliche Autoritäten herrschen. Er kann Wege zu Reichtum und Überfluss öffnen. Veuliah lässt Geld als Energiequelle nutzen. Er schenkt positive Gelegenheiten.

Umwelt: Veuliah lässt bedingungslos geben und helfen. Anderen Menschen bei der Entwicklung und dem Wachstum behilflich zu sein ist eine Form seiner Hilfsbereitschaft. Er zeigt Wege auf, um Konflikte zu lösen. Veuliah unterstützt Schwache und Unterdrückte.

Familie / Liebe: Veuliah unterstützt ein friedliches, harmonisches und wohlwollendes Familienleben. Er schenkt aufrichtige, edle Gefühle.

Seele: Veuliah sorgt für inneren Reichtum und Fülle. Er stärkt das Selbstbewusstsein und die Sicherheit. Veuliah fördert positive Gewohnheiten.

Spiritualität: Veuliah hilft die Bedeutung des Karmas zu verstehen. Er befreit von Zweifeln an der Zukunft. Veuliah animiert zu einer intensiven Hinwendung zu Gott. Er schenkt Visionen und Vorahnungen.

Schwächen: Feindschaft, Manipulation, dunkle Gedanken, Materialismus, unmoralische Neigungen, unsittliches Verhalten, Betrug, Egoismus, Gier, Geiz, Verschwendung, Armut, Diebstahl, Trennung, Sklaverei, Illusion, Größenwahn, Heimtücke, Zerstörung, innere und äußere Dämonen

Heilung: Angst, große Wunden, Liebeskummer, Komplexe

Sonstiges: Veuliah schützt Talismane und spirituelle Symbole.

Engelart	Gewalten
Erzengel	Michael
Energie	Weiblich
Planeten	Sonne, Mars
Element	Wasser
Sternzeichen	Skorpion 5° - 10°
Farben	Orange, Grün, Violett
Aromen	Muskat, Zimt, Moschus, Wacholder
Stein	Hämatit
Patron	Mexiko, Reisende
Gebet	Psalm 119,108 „Nimm meinen Dank als Opfergabe an, und lehre mich deine Bestimmungen, Herr."
Physischer Engel	29. bis 2. November
Emotionaler Engel	20. Februar, 4. Mai, 18. Juli, 1. Oktober, 12. Dezember
Spiritueller Engel	14:20 bis 14:39 Uhr

Sigfinikant: Strategie

Gaben: Schutz, Geduld, Gerechtigkeit, Aufrichtigkeit, Motivation, Tapferkeit, Energie, Mut, Ehre, Anerkennung, Einweihung, Toleranz, Ehrlichkeit, Offenheit, Loyalität, Kühnheit, Rechtschaffenheit, Willen

Arbeitswelt: Yelahiah fördert die Gerechtigkeit bei Autoritätspersonen und Richtern. Er unterstützt rechtliche und finanzielle Angelegenheiten. Yelahiah schenkt Erfolg und Gewinn in Prozessen. Er lässt nützliche Untersuchungen und Entdeckungen gelingen. Yelahiah hilft das Vertrauen von Vorgesetzten zu gewinnen. Er stellt ein strategisches Talent zur Verfügung, Mut und Überzeugungskraft. Yelahiah kann bis zu Auszeichnungen und Verdiensten für Tapferkeit führen. Er hilft repsektvoll, positiv und konstruktiv zu kommunizieren. Unter seinem Schutz stehen Bildungsreisen.

Umwelt: Yelahiah schenkt Geschick, um Frieden zu stiften und Konflikte im Guten zu lösen. Um anderen Menschen zu helfen stellt er große Kraft und Weisheit zur Verfügung.

Familie / Liebe: Yelahiah sorgt für ein friedliches, ruhiges Zusammenleben.

Seele: Yelahiah kann Schuldgefühle aus der Vergangenheit auflösen. Er hilft innere Kämpfe zu beenden und sich selbst zu befreien. Yelahiah wirkt positiv auf die Gemütslage ein. Er stärkt die Selbstwahrnehmung.

Spiritualität: Yelahiah lehrt die Bedeutung des Karmas. Er lässt die karmische Schuld erkennen und bereinigen. Yelahiah ist ein spiritueller Führer und Lehrer, der Einblicke in die Parallelwelten gibt.

Schwächen: Aggression, Impulsivität, kriminelle Angriffe, Verletzung, Machtmissbrauch, Größenwahn, Unrecht, Gefangenheit, Zweifel, Rache, Kraftlosigkeit, Extremismus, Brutalität, Sklaverei, Faulheit, Terror

Heilung: Reisekrankheit

Sonstiges: Yelahiah ist ein universeller Schutzengel, ein Krieger des Lichtes.

Engelart	Gewalten
Erzengel	Michael
Energie	Weiblich
Planet	Sonne
Element	Wasser
Sternzeichen	Skorpion 10° - 15°
Farben	Orange, Magenta, Violett
Aromen	Zimt, Orange, Moschus
Stein	Schwarzer Turmalin
Patron	Pädagoge, Elemente
Gebet	Psalm 94,18 „Wann immer ich sagte: „Jetzt falle ich hin!", da stützte mich deine Gnade, Herr!"
Physischer Engel	3. November bis 7. November
Emotionaler Engel	21. Februar, 5. Mai, 19. Juli, 2. Oktober, 13. Dezember
Spiritueller Engel	14:40 bis 14:59 Uhr

Sigfinikant: Motivation

Gaben: Gesundheit, Lebenskraft, Demut, Hoffnung, Energie, Optimismus, Begeisterung, Anregung, Bescheidenheit, Eifer, Wachsamkeit, Bewegung, Wille, Rechtschaffenheit, Enthusiasmus, Ansporn, Balance, Erwachen

Arbeitswelt: Sealiah unterstützt gerechtes Regieren und reine Absichten. Er hilft Feinde zu entlarven und Arroganz und Anmaßungen zu durchschauen. Sealiah bietet bescheidenen Menschen Wachstum und Erfolg, Eifer und Begeisterung. Er schenkt Vertrauen und Optimismus, um Herausforderungen zu meistern. Sealiah weckt schlafende Talente.

Umwelt: Sealiah gibt erniedrigten und benachteiligten Menschen Hoffnung. Er unterstützt die Vegetation und das Wachstum und kann Tiere heilen.

Familie / Liebe: Sealiah öffnet das Herz für eine große Liebe. Die Partner legen Wert auf Ausgeglichenheit und gemeinsame Ziele.

Seele: Sealiah wirkt anregend auf die Selbstwahrnehmung und hilft die eigene Identität zu finden. Er vermittelt Selbstvertrauen.

Spiritualität: Sealiah rüttelt kosmische Kräfte wach, er kann ein erhöhtes Bewusstsein erwachen lassen und göttliche Liebe vermitteln.

Schwächen: Eitelkeit, Tyrannei, Erniedrigung, Verachtung, Trägheit, schlechte Menschen, Egozentrik, Egoismus, Trott, Stolz, Missbrauch, Faulheit

Heilung: Hyperaktivität, Energiemangel, Herz – und Kreislauf, Muskel, Bewusstseinsstörungen, Wirbelsäule

Sonstiges: Sealiah schenkt Schutz bei Naturkatastrophen. Er beschützt die Elemente.

46. Schutzengel   ARIEL

Engelart	Gewalten
Erzengel	Michael
Energie	Männlich
Planeten	Sonne, Venus
Element	Wasser
Sternzeichen	Skorpion 15° - 20°
Farben	Orange, Magenta, Grün
Aromen	Sandelholz, Tonka
Stein	Peridot
Patron	Paraguay, Landtiere
Gebet	Psalm 145,9 „Der Herr ist zu allen gut, über seine Geschöpfe erbarmt er sich."
Physischer Engel	8. bis 12. November
Emotionaler Engel	22. Fabruar, 6. Mai, 20. Juli, 3. Oktober, 14. Dezember
Spiritueller Engel	15:00 bis 15:19 Uhr

Sigfinikant: Ideale

Gaben: Offenbarung, Willen, Wahrnehmung, Weissagung, Anerkennung, Sensibilität, Liebe, Pflichtbewusstsein, Entschlossenheit, Dankbarkeit, Feingefühl, Mut, Takt, Anstand, Respekt, Geschick, Erneuerung

Arbeitswelt: Ariel unterstützt wissenschaftliche Forschungen und Studien der Philosophie. Er hilft bei der Entdeckung verborgener Erfindungen und Schätze. Ariel lässt Zukunftsträume und Ideale erreichen. Er versorgt mit innovativen Lösungen und Ideen und unterstützt Neuorientierungen. Ariel schenkt die Fähigkeit mit Liebe zu herrschen.

Umwelt: Ariel leitet zu respekt – und taktvollem Umgang mit anderen Menschen an, lässt Anerkennung und Dank zeigen. Durch Ariel werden Geheimnisse und die Schönheit der Natur bewusst. Er beschützt die Landtiere.

Familie / Liebe: Ariel unterstützt respektvollen Umgang in der Ehe und schenkt ein entspanntes Dasein.

Seele: Ariel hilft die eigene Identität und den individuellen Weg im Leben zu finden. Er schenkt eine hohe Ebene der Reflexion und Wahrnehmung, um die persönliche Erfüllung zu finden. Ariel fördert die Entwicklung von Intuition und Sensibilität.

Spiritualität: Ariel schenkt Wahrträume, Vorzeichen, Hellsicht, Telepathie und die Möglichkeit als Medium zu agieren. Er kann übernatürliche Schwingungen spüren lassen und sorgt für Enthüllungen. Er unterstützt Meditationen und Gebete. Er lässt das Leben neu bewerten und das Dasein in seiner Tiefe entschlüsseln.

Schwächen: Manipulation, Missbrauch der Wahrsagerei, Zweifel, Dreck, Schüchternheit, Egoismus, Zögern, Irrational, Unentschlossenheit

Sonstiges: Ariel kann Wünsche erfüllen.

47. Schutzengel ASALIAH

Engelart	Gewalten
Erzengel	Michael
Energie	Weiblich
Planeten	Sonne, Merkur
Element	Wasser
Sternzeichen	Skorpion 20° - 25°
Farben	Orange, Grün, Gold
Aromen	Lilie, Zitrone
Stein	Bernstein
Patron	Chile, Argentinien, Pädagogen
Gebet	Psalm 104,24 „Wie zahlreich sind deine Werke, Herr! Du hast sie alle mit Weisheit gemacht. Von deinen Geschöpfen ist die Erde erfüllt."
Physischer Engel	13. bis 17. November
Emotionaler Engel	22. Februar, 7. Mai, 21. Juli, 4. Oktober, 15. Dezember
Spiritueller Engel	15:20 bis 15:39 Uhr

Sigfinikant: Kontemplation

Gaben: Wahrheit, Balance, Moral, Weltoffenen, Grundwerte, Wissensdurst, Ehrlich, Respekt, Moral, Verantwortung, Authentizität, bedingungslose Liebe

Arbeitswelt: Asaliah unterstützt Ausbilder, Pädagogen und Psychologen. Er stärkt die Konzentration und hilft beim Studieren, besonders beim Auswendiglernen. Asaliah stattet mit Organisationstalent und strategischem Denken aus. Er weckt eine globale Sichtweise, die das Große und Ganze erkennen lässt. Asaliah hilft Probleme durch Wissen zu lösen. Er fördert die kreative und produktive Schöpfungskraft.

Umwelt: Asaliah führt Menschen für ehrliche Freundschaften zusammen. Er unterstützt klärende und tiefgründige Gespräche.

Familie / Liebe: Asaliah stärkt den Sinn für die heilige Liebe und lässt Sexualität mit spirituellem Bewusstsein verschmelzen und Polaritäten vereinigen. Er vermittelt Sinn für Romantik. Asaliah schenkt Respekt und Treue für die Partnerschaft.

Seele: Asaliah fördert die Intuition. Er unterstützt die Selbstwahrnehmung und das Ausbilden der Inividualität. Asaliah unterstützt die Kreativität, um seelische Balance zu finden.

Spiritualität: Asaliah stärkt das persönliche Wachstum durch Wahrnehmen der Schöpfung. Er fördert Glaube und Ethik und enthüllt kosmische Prozesse. Asaliah schenkt Licht und Liebe des Universums und herrliche mystische Erfahrungen. Er erhöht und fokusiert spirituelle Erfahrungen durch Gebete, Meditation, Mantren, Visualisierungen, Reflexionen, Kontemplation und Intuition. Asaliah kann göttliche Freude schenken.

Schwächen: Lügen, Betrug, Täuschung, Gauner, Scharlatane, Ignoranz, falsche Wertschätzung, Arroganz, Weltfremdheit, Verrat, Promiskuität, Materialismus

Sonstiges: Er schützt humanitäre Einrichtungen und die Caritas.

48. Schutzengel MIHAEL

Engelart	Gewalten
Erzengel	Michael
Energie	Männlich
Planeten	Sonne, Mond
Element	Wasser
Sternzeichen	Skorpion 25° - 30°
Farben	Orange, Magenta, Türkis
Aromen	Sandelholz, Lotos, Orange
Stein	Grüner Jaspis
Patron	Japan, Eheleben
Gebet	Psalm 98,2 „Sein Heil hat der Herr den Völkern gezeigt, seine Gerechtigkeit allen enthüllt."
Physischer Engel	18. bis 22. November
Emotionaler Engel	24. Februar, 8. Mai, 22. Juli, 5. Oktober, 16. Dezember
Spiritueller Engel	15:40 bis 15:59 Uhr

Sigfinikant: Fruchtbarkeit

Gaben: Klugheit, Selbstvertrauen, Willen, Liebe, Hilfe, allgemeiner Schutz, Inspiration, Harmonie, Loyalität, Lernfähigkeit, Intuition, Emotionen

Arbeitswelt: Mihael unterstützt wissenschaftliche Untersuchungen. Er versorgt mit Weisheit und Geschick, um andere Menschen anzuleiten. Er schenkt Kraft und Motivation für emotionale Berufe.

Umwelt: Mihael fördert Versöhnungen und schenkt Vertrauen unter Freunden. Er schützt Vereine, Gemeinschaften und Partnerschaften. Mihael unterstützt aufmerksames Zuhören.

Familie / Liebe: Mihael schenkt eine harmonische, respektvolle, romantische Ehe. Das Paar hat ein klares gemeinsames Schicksal. Mihael sorgt für Verständnis, Liebe, göttliche Sexualität, Treue und offene Kommunikation. Er lässt männliche und weibliche Energien miteinander verschmelzen. Mihael fördert Fruchtbarkeit und Fortpflanzung und schützt Schwangerschaft und Geburt.

Seele: Mihael hilft inneren und äußeren Frieden herzustellen.

Spiritualität: Mihael schenkt sensible Sinne für Hellsicht und Vorahnungen und verbessert die Wahrnehmung.

Schwächen: Generationskonflikte, Beziehungsprobleme, Konflikte, Streit, Zwietracht, Untreue, Eifersucht, Instabilität, Promiskuität, Rivalität, Gier Unproduktivität, Abstoßung, Trennung, Unfruchtbarkeit, Konkurrenz, Überheblichkeit, psychische Krankheiten

Heilung: Verlustängste, Ekel

Sonstiges: Mihael beschützt die Schwangerschaft.

49. Schutzengel VEHUEL

Engelart	Fürstentümer
Erzengel	Haniel
Energie	Männlich
Planeten	Venus, Uranus
Element	Feuer
Sternzeichen	Schütze 0° - 5°
Farben	Gelb, Violett
Aromen	Sandelholz, Patchouli
Stein	Leoparden Jaspis
Patron	Philippinen, Schriftsteller
Gebet	Psalm 145, 3 „Groß ist der Herr und sehr zu loben, unerforschlich seine Herrlichkeit."
Physischer Engel	23. bis 27. November
Emotionaler Engel	25. Februar, 9. Mai, 23. Juli, 6. Oktober, 17. Dezember
Spiritueller Engel	16:00 bis 16:19 Uhr

Sigfinikant: Erhebung

Gaben: Güte, Ethik, Tugenden, Freude, Toleranz, Altruismus, Lebenslicht, Aufstieg, Diplomatie, Edelmut, Anerkennung, Erfüllung, Glück, Kreativität

Arbeitswelt: Vehuel schenkt Geschick für den Umgang mit Wort und Schrift. Er kann den Werdegang bis zu Popularität und großer Anerkennung unterstützen. Vehuel lässt nach Edlem streben und löst von materialistischem Denken. Er schenkt Inspiration und Kreativität und stärkt alle Talente und positiven Charaktereigenschaften.

Umwelt: Vehuel versorgt Menschen mit positiver Ausstrahlung und Charisma. Er unterstützt Hilfsprojekte, selbstloses Wirken und humanitäre Tätigkeiten. Der Dienst, die Hingabe und Verbundenheit für andere Menschen wird als Quelle der Erhebung empfunden.

Familie / Liebe: Vehuel schenkt Sensibilität, Wohlwollen und innige Liebe für die Partnerschaft, Stabilität, Gemeinsamkeiten und feste Ziele. Zuneigung wird aufgeschlossen gelebt.

Seele: Vehuel befreit von den Fesseln der Urwünsche und Begierden. Er lässt die Seele aufleben und verbreitet inneren Frieden. Vehuel hilft der Seele bei der Entwicklung.

Spiritualität: Vehuel fördert die Liebe zum Göttlichen und die Suche nach spiritueller Erfüllung und Erleuchtung. Er versorgt mit kosmischer Weisheit und hilft die Schöpfung bewusst wahrzunehmen. Vehuel schenkt Bewusstseinserweiterungen und unterstützt Meditation, Visualisierung und Mantren. Er hilft dabei, gute Gebete sprechen zu können.

Schwächen: Kummer, Ärger, Täuschung, Konflikte, Zwang, Atheismus, Extremismus, Lüge, Egoismus, Hass, Flucht, Komplexe, Stur, Starre, Kälte

Heilung: Komplexe

Sonstiges: Vehuel lässt das wahre Lebensglück finden.

50. Schutzengel   DANIEL

Engelart	Fürstentümer
Erzengel	Haniel
Energie	Männlich
Planeten	Venus, Saturn
Element	Feuer
Sternzeichen	Schütze 5° - 10°
Farben	Gelb, Indigo
Aromen	Sandelholz, Styrrax, Magnolie
Stein	Staurolite
Patron	Samaritaner, Redner, Sänger
Gebet	Psalm 102,8 „Ich liege wach und fühle mich wie ein Vogel allein auf dem Dach."
Physischer Engel	28. bis 2. Dezember
Emotionaler Engel	26. Februar, 10. Mai, 24. Juli, 7. Oktober, 18. Dezember
Spiritueller Engel	16:20 bis 16:39 Uhr

Sigfinikant: Kommunikation

Gaben: Barmherzigkeit, Gnade, Harmonie, Inspiration, Hilfe, Organisation, Vergebung, Freundlichkeit, Anstand, Bescheidenheit, Jugendlichkeit, Güte, Trost, Wohlwollen, Redegewandtheit, Liebe, Wahrheit

Arbeitswelt: Daniel unterstützt Studien in Kunst und Musik, vor allem den Gesang. Er schenkt einen guten Ausdruck in Wort und Schrift, fördert die Kommunikation und sprachliches Geschick. Er versorgt bei Ansprachen oder Reden mit soliden und diplomatischen Ausdrücken. Daniel schenkt Durchblick, Organisationstalent und Führungssinn. Er hilft Entscheidungen zu treffen und diese begründen zu können. Daniel schenkt Inspiration, um Gedanken in Handlungen umzuwandeln. Daniel löst von materiellen Werten.

Umwelt: Daniel schenkt die Gabe, andere Menschen inspirieren zu können. Er treibt an, taktvoll, liebenswürdig, barmherzig und hilfsbereit zu sein. Daniel unterstützt Vergebung und Gnade.

Familie / Liebe: Daniel schenkt die Kraft der Liebe für eine charismatische, ehrliche Beziehung. Das Familienleben wird geschätzt und beschützt.

Seele: Durch die Liebe können seelische Schmerzen ausgeglichen werden. Daniel stärkt das Selbstbewusstsein und hilft aus Schüchternheit und Zurückhaltung heraus.

Spiritualität: Daniel fördert die spirituelle Entwicklung. Er gleicht das Stirnchakra aus. Daniel schenkt Eingebungen in kritischen Situationen.

Schwächen: Korruption, Kriminalität, Unehrlichkeit, Hetze, Schüchternheit, Scheu, Materialismus, Stottern, Betörend

Heilung: Stottern, Mund – und Rachenraum, Diabetes, Urogenitalbereich, Niere, Galle

Sonstiges: Er hilft Liebe, Glück und Frieden zu formulieren.

51. Schutzengel　　　HAHASIAH

Engelart	Fürstentümer
Erzengel	Haniel
Energie	Weiblich
Planeten	Venus, Jupiter
Element	Feuer
Sternzeichen	Schütze 10° - 15°
Farben	Gelb, Violett
Aromen	Sandelholz, Rose
Stein	Magnesit
Patron	Parsen, Heiler, Mediziner
Gebet	Psalm 104,31 „Ewig bleibe die Herrlichkeit des Herrn! Er möge sich freuen, an dem was er schuf!"
Physischer Engel	3. Dezember bis 7. Dezember
Emotionaler Engel	27. Februar, 11. Mai, 25. Juli, 26. Juli (bis 12 Uhr), 8. Oktober, 19. Dezember
Spiritueller Engel	16:40 bis 16:59 Uhr

Sigfinikant: Weisheit

Gaben: Güte, Intelligenz, Intuition, Erlösung, Altruismus, Hilfe, Liebe, Freundlichkeit, Gastfreundlichkeit, Anpassung, Wissbegierde, Verständnis

Arbeitswelt: Hahasiah unterstützt Studien in hohen Wissenschaften, Kräuterheilkunde, Tiermedizin, universelle und alternative Heilmethoden, Physik, Chemie, Medizin und Chirurgie. Er fördert auch das Lernen von Grenzwissenschaften, esoterische Themen, Metaphysik, Alchemie und Kabbala. Hahasiah verschafft Zugang zur Wahrheit und einen verständnisvollen Geist. Er begleitet wissenschaftliche Forschungen und Untersuchungen. Hahasiah hilft beim Identifizieren und Zuordnen von Krankheiten. Er schenkt positive Gelegenheiten.

Umwelt: Hahasiah schenkt Altruismus und bedingungslose Liebe für Notleidende.

Familie / Liebe: Hahasiah versorgt mit großer Liebe und angenehmen, respektvollem Umgang innerhalb der Familie. Er lässt das Lebensglück in einer harmonischer Familie finden.

Seele: Hahasiah hilft der Seele bei der Suche nach Spiritualität. Er heilt seelische Wunden aus der Vergangenheit. Hahasiah stärkt die Intuition und das Selbstvertrauen.

Spiritualität: Hahasiah unterstützt das Kronenchakra. Er vermittelt eine globale, multidimensionale Perspektive, um das Universum und die kosmische Dynamik zu verstehen.

Schwächen: Betrug, negative Menschen, Zweifel, Scharlatane, Illusion, Machtmissbrauch, Manipulation, Lüge, Materialismus, Wahn, Kälte

Heilung: Geschwüre, Wirbelsäule, Hals – Nackenbereich, Schmerzen

Sonstiges: Hahasiah fördert die Selbstheilungskräfte.
Er steht bei chirurgischen Eingriffen bei.

52. Schutzengel   IMAMIAH

Engelart	Fürstentümer
Erzengel	Haniel
Energie	Weiblich
Planeten	Venus, Mars
Element	Feuer
Sternzeichen	Schütze 10° - 15°
Farben	Gelb, Orange
Aromen	Sandelholz, Muskat
Stein	Obsidian
Patron	Reisende
Gebet	Psalm 7,18 „Ich danke dem Herrn um seiner Gerechtigkeit willen, und ich will loben den Namen des Herrn, des Allerhöchsten!"
Physischer Engel	3. bis 7. Dezember
Emotionaler Engel	28. Februar, 12. Mai, 26. Juli, 27. Juli (bis 12 Uhr), 9. Oktober, 20. Dezember
Spiritueller Engel	17:00 bis 17:19 Uhr

Sigfinikant: innere Stärke

Gaben: Geduld, Freiheit, Respekt, Schutz, Enthusiasmus, Energie, Mut, Harmonie, Demut, Lebenskraft, Erlösung, Befreiung, Eifer, Tatkraft, Arbeitsliebe, Willen, Toleranz, Bescheidenheit

Arbeitswelt: Imamiah hilft die eigenen Energiequellen zu entdecken und zu nutzen. Er stattet die Menschen mit Ausstrahlung, Charisma, Magnetismus und Führungsqualitäten aus. Er unterstützt finanzielle Transaktionen. Imamiah schenkt Kraft und Geduld um schwierige Situationen zu meistern.

Umwelt: Imamiah stellt Wissen und Respekt zur Verfügung, um Feinde zu durchschauen und Frieden zu stiften. Er hilft auch die eigenen Fehler und Schwächen wahrzunehmen und wieder gut zu machen. Imamiah unterstützt Hilfe, Trost und Stütze für andere Menschen zu sein. Er fördert ein harmonisches Sozialleben.

Familie / Liebe: Imamiah schenkt emotionale Stärke und ein harmonisches, bescheidenes, demütiges Familienleben.

Seele: Imamiah befreit aus innerer Gefangenschaft, von Altlasten und Schuldgefühlen. Er hilft sich selbst zu erlösen und schenkt Selbstliebe und Selbstvertrauen. Imamiah unterstützt es, schlechte Gewohnheiten abzulegen und fördert die innere Harmonie.

Spiritualität: Imamiah gleicht das Sakralchakra aus. Er befreit von karmischen Lasten. Imamiah unterstützt es, ein Diener Gottes zu sein.

Schwächen: Hinterlist, Grausamkeit, Verleumdung, Diffamierend, Instabil, Unmenschlich, Streit, Rivalität, Beleidigung, Eitelkeit, Lügen, Perversion, Manipulation, Härte, Unhöflichkeit, Eifersucht, Feindseligkeit, Zwang

Heilung: Zwangsneurosen

Sonstiges: Imamiah kann Gefangene befreien. Er hilft das Schicksal zum Besseren zu wenden.

53. Schutzengel   NANAEL

Engelart	Fürstentümer
Erzengel	Haniel
Energie	Männlich
Planeten	Venus, Sonne
Element	Feuer
Sternzeichen	Schütze 20° - 25°
Farben	Gelb, Grün
Aromen	Sandelholz, Tonka
Stein	Jade
Patron	Malta, Wissenschaften, Philosophie
Gebet	Psalm 119,75 „Ich erkannte, Herr: deine Urteile sind gerecht, zu Recht hast du mich niedergebeugt."
Physischer Engel	13. bis 16. Dezember
Emotionaler Engel	1. März, 13. Mai, 28. Juli, 10. Oktober, 21. Dezember
Spiritueller Engel	17:20 bis 17:39 Uhr

Sigfinikant: spirituelle Kommunikation

Gaben: Güte, Enthusiasmus, Mut, Wissen, Inspiration, Schutz, Friede, Glück, Nächstenliebe, Freude, Verjüngung, Liebe

Arbeitswelt: Nanael fördert Studien und Erkenntnisse in abstrakten Wissenschaften. Er hilft Philosophie zu verstehen und regt geistige Kommunikation an. Nanael unterstützt bei der Durchführung von Projekten und dem Realisieren von Ideen. Er lässt Lebensziele erreichen. Nanael schenkt eine ausdrucksstarke Stimme für Reden und Gesang.

Umwelt: Nanael fördert die Freude am Umgang und der Hilfe mit und für andere. Er schenkt freundliche Kommunikation mit Menschen und Tieren.

Familie / Liebe: Nanael vermittelt stabile Beziehungen mit angeglichenem Entwicklungsstadium, offene Kommunikation und friedlichen, angenehmen Umgang. Die Individualität der Partner stärkt gegenseitig die Authentizität.

Seele: Nanael erleichtert die Selbstbetrachtung durch Innenkehr und Kontakt zum höheren Selbst. Er vermittelt inneren Frieden, Glück und Freude. Nanael unterstützt den Kontakt zum inneren Kind.

Spiritualität: Nanael gleicht das Herzchakra aus. Er unterstützt Meditation, Gebete, Kontemplation und Entspannungstechniken. Nanael schenkt Wertschätzung für Einsamkeit und Rückzug. Er vermittelt Kommunikation mit dem Göttlichen und schenkt spirituelles Wissen und Transzendenz. Nanael verbindet mit dem höheren Geist und verschafft Zugang zu spirituellen Welten. Er leitet zu religiösem Leben und Lehren an.

Schwächen: Eifersucht, Realitätsflucht, Launen, Übermaß, Unwissenheit, Egozentrik, Abstrakt, Ignoranz, Unterordnung, Versagen, Melancholie, Egoismus, Beziehungsgestört, Isolation, Verwirrung, Schwermut, Angst

Heilung: Augen, Rachen

Sonstiges: Nanael verleiht eine gute Sehkraft.

Engelart	Fürstentümer
Erzengel	Haniel
Energie	Männlich
Planet	Venus
Element	Feuer
Sternzeichen	Schütze 25° - 30°
Farbe	Gelb
Aromen	Sandelholz, Rose, Orchidee, Veilchen, Flieder
Stein	Rubin
Patron	Literaten
Gebet	Psalm 103,19 „Im Himmel hat der Herr seinen Thron aufgestellt und herrscht als der König über alles, was ist."
Physischer Engel	17. bis 21. Dezember
Emotionaler Engel	2. März, 14. Mai, 29. Juli, 11. Oktober, 22. Dezember
Spiritueller Engel	17:40 bis 17:59 Uhr

Sigfinikant: Jugend

Gaben: Lebensfreude, Gleichgewicht, Stabilität, Hingabe, Neugier, Anmut, Jugendlichkeit, Raffinesse, Konzentration, Bescheidenheit, Freundlichkeit, Idealismus, Glück, Liebe

Arbeitswelt: Nithael erleichtert literarische Studien und führt Schriftsteller und Redner zum Erfolg. Er kann künstlerische, kreative und ästhetische Talente wecken. Nithael kann zu Ruhm und Berühmtheit führen. Er schenkt Stärke, um Konflikte, Herausforderungen, Misserfolge und schwierigen Menschen begegnen zu können. Er begleitet Prozesse der Veränderung und Erneuerung. Nithael fördert das Interesse am Wissen um die Welt. Er unterstützt offenes, geduldiges Zuhören.

Umwelt: Nithael schenkt einen Blick für Schönheit, Pracht und Eleganz und eine kindliche Frische und Neugier. Er unterstützt die Gastfreundschaft und geselliges Beisammensein.

Familie / Liebe: Nithael hilft Gefühle zu beherrschen. Zwischen Partnern existiert Synchronizität und Gleichklang. Er schenkt Wohlbefinden, Erfüllung und Zufriedenheit im Familienleben.

Seele: Nithael hilft Harmonie ins eigene Selbst zu bringen. Er befreit von der Angst des Älterwerdens. Nithael lässt die innere Schöhnheit erkennen. Er unterstützt die Verbindung zum inneren Kind.

Spiritualität: Nithael gleicht das Solarplexus – Chakra aus. Er leitet zu spiritueller Heilung an.

Schwächen: Unfälle, Verführung, Essstörung, Ruin, Besitzergreifung, Arroganz, Promiskuität, Heimtücke, Unrecht, Äußerlichkeiten, Gier

Heilung: schwere Krankheiten, Komplexe, Anorexie, Bulimie, Sucht, Erbkrankheiten

Sonstiges: Nithael schenkt ein langes Leben und ewige Jugend.

55. Schutzengel   MEBAHIAH

Engelart	Fürstentümer
Erzengel	Haniel
Energie	Weiblich
Planeten	Venus, Merkur
Element	Erde
Sternzeichen	Steinbock
Farben	Gelb, Blau
Aromen	Sandelholz, Lavendel, Mandel
Stein	Sodalith
Patron	Gebärende, Schwangere
Gebet	Psalm 102,13 „Doch du bleibst in Ewigkeit, Herr, an dich denkt jede Generation."
Physischer Engel	22. bis 26. Dezember
Emotionaler Engel	3. März, 15. Mai, 30. Juli, 12. Oktober, 23. Dezember
Spiritueller Engel	18:00 bis 18:19 Uhr

Sigfinikant: Moral

Gaben: Güte, Trost, Frömmigkeit, Inspiration, Wohlwollen, Würde, Nächstenliebe, Pflichtgefühl, Verantwortung, Klarheit, Ehrlichkeit, Taktgefühl, Balance, Regeneration, Fleiß, Ehre

Arbeitswelt: Mebahiah schenkt geistige Klarheit und verfeinert den Intellekt. Er verbessert das Gedächtnis und unterstützt Prüfungsphasen. Er sorgt für Ansehen, Würde, Ehre und Autorität durch Pflichtbewusstsein, Moral und Engagement. Mebahiah formuliert Wünsche und lotet aus, wie und ob sie realisierbar sind.

Umwelt: Mebahiah schenkt Verständnis und Trost. Er geht auf alle Situationen mit Liebe und Freundlichkeit zu. Mebahiah sorgt für eine ausgeglichene, wohlwollende Haltung, lässt die Hilfe klar werden, durch die andere Menschen regenerieren und auftanken können.

Familie / Liebe: Mebahiah fördert die Fruchtbarkeit und erleichtert Geburten. Er vermittelt Klarheit und Treue im Herzen, echte Liebe und freundlichen, respektvollen Umgang miteinander. Mebahiah hilft emotionale Impulse wahrzunehmen. Er fördert ein spirituelles Familienleben.

Seele: Mebahiah sorgt für innere Ruhe und Balance.

Spiritualität: Mebahiah kann das Kehlchakra ausgleichen. Er unterstützt die spirituelle Entwicklung, schenkt religiöse Inspiration, Ideen und Hellsicht. Mebahiah vermittelt tiefe mystische und spirituelle Erfahrungen, um die Religionen zu verstehen. Er unterstützt einen moralisch – religiösen Lebensstil.

Schwächen: Zweifel, Misstrauen, Lüge, Unordnung, Unklarheit, Pech, Gefühlskälte, Komplexe, Äußerlichkeiten, Launen, Betrug, Unfrieden

Heilung: Geburt, Komplexe, Unfruchtbarkeit

Sonstiges: Mebahiah kann das Leben radikal verändern.

Engelart	Fürstentümer
Erzengel	Haniel
Energie	Männlich
Planeten	Venus, Mond
Element	Erde
Sternzeichen	Steinbock
Farben	Gelb, Magenta
Aromen	Sandelholz, Flieder, Rose
Stein	Bulls Eye
Patron	Südjemen, Vorhersehung
Gebet	Psalm 145,14 „Der Herr hält die Hinfallenden fest, und alle Gestürzten richtet er auf."
Physischer Engel	27. bis 31. Dezember
Emotionaler Engel	3. März, 15. Mai, 30. Juli, 12. Oktober, 23. Dezember
Spiritueller Engel	18:20 bis 18:39 Uhr

Sigfinikant: Bescheidenheit

Gaben: Demut, Balance, Wissen, Hoffnung, Optimismus, Reichtum, Talente, Intelligenz, Fröhlichkeit, Altruismus, Glück, Wertschätzung, Einfachheit, Einfühlung, Hilfsbereitschaft, Zuversicht, Humor, Liebenswürdigkeit

Arbeitswelt: Poyel verhilft zu klarem, einfachen sprachlichen Ausdruck. Er unterstützt die Umsetzung positiver Ideen. Poyel kann zu Ansehen und einem guten Einkommen verhelfen.

Umwelt: Poyel fördert positive Gedanken und Stimmungen und verbreitet Fröhlichkeit und Humor.

Familie / Liebe: Poyel lässt die Mutterliebe wachsen. Er versorgt die Familie mit Liebe und Wohlwollen. Poyel beschützt die Weiblichkeit.

Seele: Poyel sorgt für eine ausgeglichene Gemütslage.

Spiritualität: Poyel gleicht das Wurzelchakra aus. Er lässt die Vorhersehung wahrnehmen und fördert ein positives Karma.

Schwächen: Manipulation, Aggression, Reizbarkeit, Verschwendung, Verlockung, Eitelkeit, Arroganz, Anschuldigung, Verachtung, Armut, Schüchternheit, Stolz, Angst, Stottern

Heilung: Sprachprobleme, Komplexe, Angst, Unfallfolgen, Drüsen

Sonstiges: Poyel schenkt alles, was gebraucht wird.

57. Schutzengel NEMAMIAH

Engelart	Erzengel
Erzengel	Raphael
Energie	Weiblich
Planeten	Merkur, Uranus
Element	Erde
Sternzeichen	Steinbock 10° - 15°
Farben	Violett, Orange
Aromen	Lavendel, Mandel, Pfefferminz, Zitrone
Stein	Sugilith
Patron	Tiere, Kinder, Gefangene
Gebet	Psalm 115,11 „Und alle, die ihr den Herrn ehrt, vertraut auf den Herrn! Er ist auch Hilfe und schützendes Schild."
Physischer Engel	1. Januar bis 5. Januar
Emotionaler Engel	5. März, 17. Mai, 1. August, 14. Oktober, 25. Dezember
Spiritueller Engel	18:40 bis 18:59 Uhr

Sigfinikant: Freiheit

Gaben: Intuition, Wohlstand, Großzügigkeit, Gesundheit, Lebensfreude, Beobachtungsgabe, Gerechtigkeitssinn, Widerstandskraft, Edelmut, Vorstellungskraft, Energie

Arbeitswelt: Nemamiah versorgt mit gesundem Menschenverstand, strategischem Denken und fortschrittlichem Intellekt. Für gerechte, positive Angelegenheiten schenkt er Führungsqualitäten. Nemamiah fördert die Kommunikation und Meinungsfreiheit. Er unterstützt die Hingabe an die Lebensaufgabe, schenkt große Ideen und Ziele und lässt sie klar erkennen. Nemamiah treibt zur Vorsorge an.

Umwelt: Nemamiah versorgt mit Edelmut und Charme, um mit anderen Menschen umzugehen. Er fördert das Verständnis für die Lebensziele anderer Menschen. Nemamiah unterstützt Empathie und Hilfe für unterdrückte und unselbstständige Menschen. Er schenkt Mitgefühl für Tiere in Not.

Familie / Liebe: Nemamiah fördert Partnerschaften, die durch gemeinsame Ziele und Vorstellungen geprägt sind. Er unterstützt die gegenseitige Hilfe und verständnisvollen Umgang miteinander. Die Kinder wachsen beschützt, aber frei auf.

Seele: Nemamiah schenkt Seelengröße und eine gute Gabe für die Selbstbeobachtung. Er unterstützt den Zugang zum inneren Kind.

Spiritualität: Nemamiah schenkt Warnträume, Hellsicht und Vorahnungen. Er fördert das Bewusstsein, um spirituelle Momente im Alltag wahrnehmen zu können und die Geschenke des Daseins zu genießen.

Schwächen: Unsicherheit, Traurigkit, Streit, Beziehungsprobleme, Feigheit, Untreue, Naivität, Gefangenheit, Unrecht, Zorn, Verwirrung

Heilung: Chronische Müdigkeit, Komplexe, psychische Erkrankungen

Sonstiges: Nemamiah beschützt Kinder, Tiere und unbeholfene Menschen.

Engelart	Erzengel
Erzengel	Raphael
Energie	Männlich
Planeten	Merkur, Saturn
Element	Erde
Sternzeichen	Steinbock 15° - 20°
Farben	Violett, Türkis, Rosa
Aromen	Zypresse, Lilie, Petersilie
Stein	Perle
Patron	Astronomie
Gebet	Psalm 6,3 „Sei mir gnädig, Herr, denn mir ist ganz elend! Heile mich, Herr, denn in allen Gliedern sitzt mir der Schreck."
Physischer Engel	6. bis 10. Januar
Emotionaler Engel	6. März, 18. Mai, 2. August, 15. Oktober, 26. Dezember
Spiritueller Engel	19:00 bis 19:19 Uhr

Sigfinikant: Fokus

Gaben: Tapferkeit, Aufrichtigkeit, Heilung, Kampfgeist, Mut, Verstand, Gerechtigkeit, Erleichterung, Ehrlichkeit, Loyalität, Ordnungssinn, Wahrhaftigkeit, Fairness, Trost, Disziplin

Arbeitswelt: Yeialel unterstützt Studien der Astronomie, Neurotechnologie und Wissenschaften. Er schenkt Verständnis für neue Technologien. Yeialel spornt zu hoher Leistung an, fördert die Konzentration, Präzision und Ausdauer. Er schenkt Urteilskraft und analytischen Verstand. Mit seiner Hilfe können Intelligenz und Intellekt optimal genutzt werden. Yeialel fördert logisches Denken und geistige Fähigkeiten.

Umwelt: Yeialel unterstützt Fairness und Loyalität im Umgang mit anderen.

Familie / Liebe: Yeialel lotet emotionale Impulse und Leidenschaften aus.

Seele: Yeialel schenkt die Gabe der Selbstbeobachtung und fokusiert auf positive Eigenschaften.

Spiritualität: Yeialel verbessert das Bewusstsein und schenkt Hellsicht. Er lässt die Strukturen kosmischer Gesetze verstehen.

Schwächen: Unehrlichkeit, Stalking, Rache, Wut, Mobbing, Kontrollzwang, Spielsucht, Manipulation, Tricks, Verrat, Täuschung, Machtmissbrauch, Sturheit, Verdruss, Irrational, Größenwahn, Unlogik

Heilung: Augen, Depression, psychische Erkrankungen, Milz, Leber, Blinddarm, Urogenitalbereich, mildert alle Arten von Leiden

59. Schutzengel HARAHEL

Engelart	Erzengel
Erzengel	Raphael
Energie	Männlich
Planeten	Merkur, Jupiter
Element	Erde
Sternzeichen	Steinbock 20° - 25°
Farben	Violett, Rosa, Transparent
Aromen	Anis, Geissblatt, Rose, Lavendel
Stein	Hyazinth
Patron	Journalisten, Universitäten
Gebet	Psalm 113,3 „Vom Aufgang der Sonne bis zu ihrem Niedergang werde gelobt der Name der Herrn!"
Physischer Engel	11. bis 15. Januar
Emotionaler Engel	7. März, 19. Mai, 20. Mai (bis 12 Uhr), 3. August, 16. Oktober, 29. Dezember
Spiritueller Engel	19:20 bis 19:39 Uhr

Sigfinikant: Öffnung

Gaben: Weisheit, Fruchtbarkeit, Optimismus, Schönheit, Wissen, Stärke, Energie, Musik, Fairness, Urteilskraft, Intellekt, Freundlichkeit, Glück

Arbeitswelt: Harahel unterstützt Journalisten, Verlagswesen, Medien (TV, Internet etc.), Büchereien und Werbeagenturen. Er fördert Analyse, Synthese, Intelligenz und intellektuelle Kreativität. Harahel schenkt innovative Ideen, praktisches Wissen und Produktivität. Er unterstützt Ausbilder und Lehrer und erleichtert das Lernen und die Weiterbildung. Harahel stattet mit körperlicher Stärke und Aktivität aus. Er hilft finanzielle Probleme zu lösen und unterstützt Spekulationen. Mit seiner Hilfe können Vermögen aufgebaut und Schätze gefunden werden. Er schenkt gute Gelegenheiten und Chancen.

Umwelt: Harahel schenkt eine Vorliebe für Musik und schützt die Stimme und den Gesang. Er hilft Fröhlichkeit und Optimismus zu verbreiten.

Familie / Liebe: Harahel schenkt Familien Verständnis, Respekt und Harmonie. Eine liebevolle Erziehung führt zu tugendhaften, gehorsamen Kindern, die natürliche elterliche Autorität wird respektiert. Harahel kann zur Erfüllung des Kinderwunsches beitragen. Er ist der stärkste Engel der Fruchtbarkeit.

Seele: Harahel hilft bei der Selbstfindung und stärkt das Selbstbewusstsein. Er macht die innere Schönheit bewusst.

Spiritualität: Harahel stärkt die Spiritualität und lässt göttliche Güte spüren.

Schwächen: Unfruchtbarkeit, Betrug, Spielsucht, Faulheit, Trägheit, Einfältigkeit, Verwirrung, Scheitern, Zerstören, Beleidigung, ungehorsame Kinder

Heilung: Psychische Erkrankungen

Sonstiges: Harahel schützt vor Feuer.

60. Schutzengel   MITZRAEL

Engelart	Erzengel
Erzengel	Raphael
Energie	Männlich
Planeten	Merkur, Mars
Element	Erde
Sternzeichen	Steinbock 20 – 25°
Farben	Violett, Grün
Aromen	Muskat, Pfefferminz, Vanille
Stein	Tigerauge
Patron	Tibet, Unterdrückte
Gebet	Psalm 145,17 „Der Herr ist in allem Handeln gerecht und voller Güte in allem, was er tut."
Physischer Engel	16. bis 20. Januar
Emotionaler Engel	7. März, 19. Mai, 20. Mai (bis 12 Uhr), 3. August, 16. Oktober, 29. Dezember
Spiritueller Engel	19:40 bis 19:59 Uhr

Sigfinikant: Linderung

Gaben: Stabilität, Befreiung, Leichtigkeit, Versöhnung, Wandlung, Hilfe, Erneuerung, Kreativität, Einfachheit, Disziplin, Urteilskraft, Verantwortung, Wohlwollen, Reparation

Arbeitswelt: Mitzrael schenkt einen guten Ausdruck in Wort und Schrift. Er unterstützt Studien der Geometrie, Neurobiologie, Neurotechnologie, Psychologie (auch Praxis), Technik und Entwicklung. Mitzrael fördert Verwandlungen und Veränderungen. Er hilft nach Schwierigkeiten wieder aufzustehen. Mitzrael schenkt kreative Talente. Er erleichtert das Erlernen von Sprachen und unterstützt die Kommunikation.

Umwelt: Mitzrael begünstigt Widergutmachung und Versöhnung. Er hilft eigene Fehler zu verstehen und zu akzeptieren. Er leitet an Hilfsbedürftigen Linderung zu schenken.

Familie / Liebe: Mitzrael fördert einen kreativen Familienalltag und gegenseitige Unterstützung. Er löst Probleme mit dem Vater.

Seele: Mitzrael hilft der Seele sich zu regenerieren und zu verwandeln. Er mindert den Schmerz der Reue.

Spiritualität: Mitzrael hilft das eigene Karma zu verstehen, zu akzeptieren und zu reinigen. Er schenkt Hellsicht und spirituelles Licht.

Schwächen: Verfolgung, Autoritätskonflikte, Unterdrückung, Angst, Zerbrechlichkeit, Distanz, Rache, Kritik, Tyrannei, Aufgabe, Weigerung

Heilung: Psychische Erkrankungen, Seelenschmerz, Labilität, Migräne, Müdigkeit, Meningitis, Nervosität, Sinusites, Nebenhöhlen, Lunge, Bronchien, Dyslexi, Geisteskrankheiten

Sonstiges: Mitzrael vermittelt eine Einheit zwischen emotionalen, mentalen, psychischen und spirituellen Anteilen.
Er kann helfen ein neues Leben aufzubauen.

61. Schutzengel   UMABEL

Engelart	Erzengel
Erzengel	Raphael
Energie	Männlich
Planeten	Merkur, Sonne
Element	Luft
Sternzeichen	Wassermann 0° - 5°
Farben	Violett, Hellblau
Aromen	Orange, Lilie, Minze
Stein	Topas
Patron	Musik
Gebet	Psalm 113,2 „Der Name des Herrn werde geprießen von jetzt an bis in alle Ewigkeit."
Physischer Engel	21. bis 25. Januar
Emotionaler Engel	9. März, 22. Mai, 5. August, 18. Oktober, 28. Dezember
Spiritueller Engel	20:00 bis 20:19 Uhr

Sigfinikant: Resonanz

Gaben: Großzügigkeit, Güte, Reiselust, Zuneigung, Freundschaft, Harmonie, Zufriedenheit, Liebe, Einklang, Wissensdurst, Dankbarkeit, Romantik

Arbeitswelt: Umabel fördert Studien der Musik, Astrologie, Physik, Medizin, Geheim – und Grenzwissenschaften. Er schenkt Talente, um technische und fortschrittliche Themen zu verstehen und zu entwickeln. Umabel unterstützt Lehrer, Dozenten und Ausbilder bei der Weitergabe von Wissen. Er stellt Kreativität und außergewöhnliche Lösungen zur Verfügung.

Umwelt: Umabel unterstützt Freundschaften und hilft Seelenverwandte zu finden. Er kann auch den Wunsch erfüllen, eine bestimmte Person kennenzulernen. Umabel befreit von Einsamkeit und Isolation. Er lässt das Prinzip der Resonanz verstehen und anwenden, Anziehung und Ablehnung.

Familie / Liebe: Umabel verhilft zu einer harmonischen, liebevollen, romantische Partnerschaft. Er löst Probleme mit der Mutter.

Seele: Umabel schenkt ein sensibles Gemüt. Er löst Schmerzen aus der Vergangenheit und lässt nach Vorne blicken. Umabel lässt ins Unter – und Unbewusstsein vordringen und Blockaden erkennen.

Spiritualität: Umabel hilft eigene Beweggründe tief zu beleuchten und das Bewusstsein dadurch zu entwickeln. Er fördert das Verständnis für die unterschiedlichen Ebenen der Schöpfung, lässt die Analogien zwischen dem Universum und der irdischen Welt erkennen. Umabel eröffnet die spirituellen Geheimnisse der Pflanzen –, Tier – und Mineralienreiche. Er stärkt und entwickelt die Intuition.

Schwächen: Egoismus, Gleichgültigkeit, Kälte, Isolation, Unfrieden, Affektiert, Scheinheiligkeit, Mutterkonflikt, Narzissmus, Gewissenlos

Heilung: Süchte

Sonstiges: Umabel beschützt Freundschaften.

Engelart	Erzengel
Erzengel	Raphael
Energie	Männlich
Planeten	Merkur, Venus
Element	Luft
Sternzeichen	Wassermann 5° - 10°
Farben	Violett, Orange, Transparent
Aromen	Sandelholz, Veilchen, Tonka
Stein	Perle
Patron	Philosophie, Lehrer
Gebet	Psalm 119, 159 „Du siehst, dass ich deine Vorschriften mag. Belebe mich nach deiner Gnade, Herr."
Physischer Engel	26. bis 30. Januar
Emotionaler Engel	10. März, 23. Mai, 6. August, 19. Oktober, 29. Dezember
Spiritueller Engel	20:20 bis 20:39 Uhr

Sigfinikant: Reflexion

Gaben: Glück, Ruhe, Frieden, Demut, Sensibilität, Optimismus, Weisheit, Verantwortung, Sanftmut, Freundlichkeit, Pazifismus, Charme, Liebe

Arbeitswelt: Iah – Hjel unterstützt Studien der Philosophie, Mystik und Theologie. Er schenkt die Fähigkeit Wissen weiterzugeben und zu lehren. Iah – Hjel fördert die Rhetorik. Er schenkt Sinn für Poesie und Ästhetik, lässt Anmut, Schönheit und Qualität genießen und das Wertschätzen kulinarischer Köstlichkeiten. Iah – Hjel hilft das Leben philosophisch zu betrachten.

Umwelt: Iah – Hjel verschafft eine angenehme Atmosphäre, sorgt für Harmonie und inneren und äußeren Frieden. Er kann Seelenverwandte vermitteln.

Familie / Liebe: Iah – Hjel schenkt Harmonie, Verständnis, Einvernehmen und Erfüllung in der Familie und unter Freunden. Er unterstützt offene Kommunikationen. Iah – Hjel schenkt Freude in der Partnerschaft, erfüllte Sexualität und Genuss an der intimen Beziehung.

Seele: Iah – Hjel stärkt die Persönlichkeit und das Selbstvertrauen. Er fördert die Selbstwahrnehmung.

Spiritualität: Iah – Hjel hilft die Spiritualität durch Meditation und innerer Einkehr zu entfalten. Er leitet den Geist an, sich nach Innen zu wenden und vom Irdischen abzuheben. Iah – Hjel unterstützt es, die Einsamkeit und den Rückzug genießen zu können. Er verfeinert die Sinne und schenkt die Fähigkeit der Hellsicht und Hellfühligkeit. Er hilft karmische Schulden zu tilgen.

Schwächen: Betrug, Gauner, falsche Experten, Hass, Unruhe, Skandal, Irrtum, Untreue, Aggression, Isolation, Bewusstseinstrübe, Materialismus, Eitelkeit, Vergnügung, Trennung, Eifersucht, Neid, Wankelmut

Sonstiges: Er lässt das Zubereiten von Mahlzeiten zu einem Ritual werden.

Engelart	Erzengel
Erzengel	Raphael
Energie	Männlich
Planet	Merkur
Element	Luft
Sternzeichen	Wassermann 10° - 15°
Farben	Violett, Grün, Orange
Aromen	Lavendel, Lilie, Mandel
Stein	Saphir
Patron	Visionäre, Finanzverwalter
Gebet	Psalm 2,11 „Dienet dem Herrn mit Furcht und freut euch mit Zittern!"
Physischer Engel	31. Januar bis 4. Februar
Emotionaler Engel	11. März, 24. Mai, 7. August, 20. Oktober, 30. Dezember
Spiritueller Engel	20:40 bis 20:59 Uhr

Sigfinikant: Einheit

Gaben: Ruhe, Güte, Mut, Gesundheit, Logik, Reichtum, Weltoffenheit, Wohlstand, Wahrnehmung, Verhandlungsgeschick, universelle Liebe, Gesundheit, Heilung, Fairness, Korrektheit, Organisation, Motivation

Arbeitswelt: Anauel schenkt die Fähigkeit im Herzen einer Gruppe Einheit zu schaffen. Er unterstützt Führungsqualitäten und hilft eine Inspiration für andere Menschen zu sein. Anauel versorgt mit Visionen und Ideen und fördert die Planung und Umsetzung. Er schenkt logisches Denken, Talente zur Argumentation, einen scharfen Verstand und eine praktisch – rationale Intelligenz. Durch ihn können Konzepte, Technologien und Erfindungen umgesetzt werden. Anauel löst finanzielle Probleme und lässt Geld und Handel besser verstehen. Er verstärkt die Kommunikation in Wort und Schrift.

Umwelt: Anauel erleichtert die Kommunikation und fördert das Verständnis für andere Kulturen und Denkweisen. Er schenkt Anerkennung in sozialen Beziehungen durch faires und korrektes Vorgehen. Anauel leitet an mit anderen zu teilen.

Familie / Liebe: Anauel unterstützt zwischenmenschliche Kommunikation, liebevollen Umgang, Harmonie und Respekt in der Partnerschaft und vermittelt das Gefühl einer Einheit.

Seele: Anauel hilft Eins mit sich selbst zu werden.

Spiritualität: Anauel unterstützt Projekte und Unternehmungen im Dienst des Göttlichen und orientiert sich an christlichen Werten. Er schenkt Hellsicht.

Schwächen: Unfälle, Verschwendung, Rache, Materialismus, Rational, Manipulation, Zusammenbruch, Atheismus, Komplexe, Reizbarkeit, Respektlosigkeit, Arroganz, Korruption, Kritik, Ruin

Heilung: Hände, Muskel, Knochen, Unfallwunden, Nervosität

64. Schutzengel   MEHIEL

Engelart	Erzengel
Erzengel	Raphael
Energie	Männlich
Planeten	Merkur, Mond
Element	Luft
Sternzeichen	Wassermann 15° - 20°
Farben	Violett, Grün, Rosa
Aromen	Rose, Melisse
Stein	Diamant
Patron	Mongolen, Literaten, Schriftsteller
Gebet	Psalm 111,2 „Gewaltig sind die Taten des Herrn, wer sie erforscht, hat Freude daran."
Physischer Engel	5. bis 9. Februar
Emotionaler Engel	12. März, 25. Mai, 8. August, 21. Oktober, 31. Dezember
Spiritueller Engel	21:00 bis 21:19 Uhr

Sigfinikant: Inspiration

Gaben: Lebenshauch, Sensibilität, Wiederbelebung, Energie, Fantasie, Festigung, Urteilsvermögen, Kreativität, Leidenschaft, Authentizität, Schutz, Hilfsbereitschaft

Arbeitswelt: Mehiel unterstützt Gelehrte, Redner und Literaten. Er erleichtert das Schreiben und Veröffentlichen von Büchern und kann bis zur Popularität führen. Mehiel fördert das Lernen von Sprachen und Grammatik. Er hilft den Geist zu regenerieren. Mehiel aktiviert die Vorstellungskraft und die Kreativität. Er animiert zu praktischen, innovativen Lösungen und hilft schöne Dinge zu erschaffen. Mehiel unterstützt intellektuelle Aktivitäten mit Technologien. Er lässt die persönlichen Erfahrungen und Talente verstehen, um reale Ziele setzen zu können. Mehiel hilft Schwierigkeiten zu bekämpfen und intelligente Lösungen zu finden.

Umwelt: Mehiel unterstützt die Hilfsbereitschaft und das Teilen mit anderen Menschen.

Familie / Liebe: Mehiel wirkt fruchtbar und belebend auf Beziehungen. Er schenkt Einfühlungsvermögen und Akzeptanz.

Seele: Mehiel hilft die Identität zu finden, Selbstvertrauen und Authentizität zu entwickeln. Er unterstützt das Reflektieren persönlicher Erfahrungen.

Spiritualität: Mehiel schenkt Hinweise durch Träume und Vorahnungen. Er lässt göttliches Licht auf den Geist scheinen, schenkt Sinn für heilige Worte und Inspirationen des Himmels.

Schwächen: Tyrannei, Unterdrückung, Kritik, Verzerrung, Arroganz, Realitätsverlust, Heuchler, Destruktivität, Energiemangel, Unproduktivität

Heilung: Persönlichkeitsstörungen, Müdigkeit, Hyperaktivität, Thymusdrüse

Sonstiges: Mehiel ist eine Quelle des Lebens.

65. Schutzengel DAMABIAH

Engelart	Engel
Erzengel	Gabriel
Energie	Weiblich
Planeten	Mond, Uranus
Element	Luft
Sternzeichen	Wassermann 20° - 25°
Farben	Grün, Transparent
Aromen	Jasmin, Mandel
Stein	Lapradorit
Patron	Meer, Wasser
Gebet	Psalm 90,13 „Herr, kehr doch wieder um! Wie lange zürnst du noch? Hab Erbarmen mit uns, deinen Dienern."
Physischer Engel	10. bis 14. Februar
Emotionaler Engel	1. Januar, 13. März, 26. Mai, 9. August, 22. Oktober
Spiritueller Engel	21:20 bis 21:39 Uhr

Sigfinikant: Lebensfluss

Gaben: Weisheit, Lebensquelle, Erfolg, Feinheit, Schönheit, Großzügigkeit, Demut, Erlösung, Schutz, Reinheit, Altruismus, Güte, selbstlose Liebe, Freundlichkeit, Sanftmut, Hilfsbereitschaft, Wohlwollen, Sensibilität

Arbeitswelt: Damabiah unterstützt humanitäre Unternehmungen und Projekte, die anderen Menschen nutzen. Er bietet eine Quelle der Weisheit. Damabiah kann Schlechtes in Gutes umwandeln.

Umwelt: Damabiah fördert Freundlichkeit und Hilfsbereitschaft. Er unterstützt die Menschenliebe.

Familie / Liebe: Damabiah schenkt Sinnlichkeit, Leidenschaft und selbstlose Liebe. Er versorgt mit einer Fülle an positiven Emotionen.

Seele: Damabiah hilft die persönliche Energiequelle zu finden und die eigene Lebensreise wahrzunehmen. Er unterstützt auch in Notzeiten den Optimismus und gleicht schlechte Laune aus. Damabiah hilft Emotionen zu steuern.

Spiritualität: Damabiah unterstützt Entspannung und Meditation. Er fördert das spirituelles Wachstum, die Intuition und übersinnliche Kontakte. Damabiah schenkt große spirituelle Werte.

Schwächen: Fluch, Pech im Beruf, Egoismus, schlechter Umgang, Zweifel, Unreinheit, Zwang, Hass, Gefühlsschwankungen, Gewalt, Irritation, Aufgabe, Unfreundlichkeit, Wut, Abwracken

Heilung: Psychische Probleme, Angst, Menstruationsbeschwerden, Blutungen, Nervosität, Blase, Niere, Lymphen

Sonstiges: Damabiah schützt das Meer und seine Bewohner und Menschen, die über Wasser reisen.

66. Schutzengel MANAKAEL

Engelart	Engel
Erzengel	Gabriel
Energie	Männlich
Planeten	Mond, Saturn
Element	Luft
Sternzeichen	Wassermann 25° - 30°
Farben	Grün, Blau
Aromen	Magnolie, Jasmin
Stein	Blautopas
Patron	Brahmanen, Wassertiere
Gebet	Psalm 38,22 „Verlass mich nicht, Herr! Mein Gott, bleib mir nicht fern!"
Physischer Engel	15. bis 19. Februar
Emotionaler Engel	2. Januar, 14. März, 27. Mai, 10. August, 2. Oktober
Spiritueller Engel	21:40 bis 21:59 Uhr

Sigfinikant: Freundlichkeit

Gaben: Milde, Gaben, Befreiung, Erinnerung, Zuversicht, Stabilität, Vertrauen, Altruismus, Güte, Freundlichkeit, Wohlwollen, Milde, Moral, Empathie, Sensibilität

Arbeitswelt: Manakael fördert Erkenntnisse durch Erfahrungen. Er weckt schlummernde Begabungen und Potenzial. Manakael vereint körperliche, geistige und seelische Qualitäten. Er schenkt Zuversicht und Stabilität.

Umwelt: Er bringt Freundlichkeit in die Herzen der Menschen. Manakael fördert Empathie und Einfühlungsvermögen.

Familie / Liebe: Manakael versorgt die Familie mit Freundlichkeit, Aufrichtigkeit, Wohlwollen und Vertrauen. Die Authetizität wird gefördert.

Seele: Manakael beruhigt die Seele. Er erlöst von Schuldgefühlen und negativen Gedankenströmen. Manakael lässt tief ins Unterbewusstsein vordringen. Er kann Ängste transformieren.

Spiritualität: Manakael fördert Initiationen durch Träume, Warnträume, Hellsicht, telepathische Fähigkeiten und Vorahnungen. Er schenkt Bewusstsein für Gut und Böse und lässt den Hintergrund der Polaritäten erkennen.

Schwächen: Isolation, Versuchung, Introvertiertheit, schlechter Umgang, Betrug, Instabilität, toxische Beziehungen, Faulheit, Kälte, Selbstzerstörung, Komplexe, Destruktivität, Eigensinnigkeit, Größenwahn

Heilung: Epilepsie, Angst, Appetitlosigkeit, Nierensteine, Schüttelfrost, Zähne, Erkältung, Rheuma, Arthritis, Depression, Melancholi, Akne, Komplexe, Schlafstörungen

Sonstiges: Manakael schützt die Lebewesen und Pflanzen der Meere und Menschen, die über Wasser reisen.

Engelart	Engel
Erzengel	Gabriel
Energie	Männlich
Planeten	Mond, Jupiter
Element	Wasser
Sternzeichen	Fische 0° - 5°
Farben	Grün, Koralle
Aromen	Rose, Orange, Zitrone
Stein	Perlmutt
Patron	Albanien, Archäologen
Gebet	Psalm 37,4 „Erfreue dich am Herrn! Er gibt dir, was dein Herz begehrt!"
Physischer Engel	20. bis 24. Februar
Emotionaler Engel	3. Januar, 15. März, 28. Mai, 11. August, 24. Oktober
Spiritueller Engel	12:00 bis 22:19 Uhr

Sigfinikant: Metamorphose

Gaben: Weisheit, Trost, Veränderung, Bekehrung, Lebensfreude, Glück, Transformation, Popularität, Kunst, Sublimation, Verständnis, Optimismus

Arbeitswelt: Ayael unterstützt das Studium von Grenzwissenschaften, Metaphysik, Astrologie, Archäologie, Geschichte, Biologie, Physik, Chemie, Biotechnologie und das Erforschen von Details und Mikroorganismen (wie DNA, Zellen usw.). Er kann zu hohem Ansehen und Berühmtheit führen. Ayael hilft die Wege der Weisheit zu entdecken und auch abstrakte Wissenschaften zu verstehen. Er schenkt Durchblick und lässt den Ursprung von Situationen erkennen. Ayael unterstützt bei Prüfungen. Er verbessert kreative Energien und weckt die Leidenschaft für Malerei, Musik und Kochen. Ayael kann Gedanken und Gefühle in Handlungen umwandeln.

Umwelt: Ayael schenkt eine positive Lebenseinstellung und lässt in allem Gutes sehen. Er fördert den persönlichen Magnetismus, stärkt die Anziehung auf andere und das Charisma. Ayael lässt das Gesetz der Resonanz erfassen, – anziehen oder abstoßen entscheidet die Präsenz.

Familie / Liebe: Ayael unterstützt Wachstum und Transformation im Familienleben. Er fördert die Lebensfreude und Unbeschwertheit in der Beziehung und schenkt gemeinsame Talente und Themen.

Seele: Ayael schenkt Selbsterkenntnisse, die neue Wege aufzeigen.

Spiritualität: Ayael fördert die Entwicklung der Spiritualität, vermittelt Kraft und Erleuchtung. Er lässt die Geschichte des Universums verstehen.

Schwächen: Irrtum, Vorurteile, Falschheit, Zweifel, Chaos, Verdruss, Kälte, Schlafprobleme, Melancholie, Trägheit, Schwere, Verwirrung, Isolation

Heilung: Angst, Schlaf, Albträume

Sonstiges: Ayael kann eine Umwandlung des Geistes in eine völlig neue Form veranlassen. Er erhellt den Weg zu einem besseren Leben.

68. Schutzengel   HABUHIAH

Engelart	Engel
Erzengel	Gabriel
Energie	Weiblich
Planeten	Mond, Mars
Element	Wasser
Sternzeichen	Fisch 5° - 10°
Farben	Grün, Violett, Türkis
Aromen	Muskat, Moschus, Rose
Stein	Blaues Tigerauge
Patron	Peloponnes, Landwirte
Gebet	Psalm 106,1 „Halleluja, dankt dem Herrn, denn er ist gut! Seine Gnade hört niemals auf!"
Physischer Engel	25. bis 29. Februar
Emotionaler Engel	4. Januar, 16. März, 29. Mai, 12. August, 25. Oktober
Spiritueller Engel	22:20 bis 22:39 Uhr

Sigfinikant: Synchronizität

Gaben: Heilung, Gesundheit, Fruchtbarkeit, Harmonie, Kraft, Wachstum, Großzügigkeit, Naturverbundenheit, Einklang, Sensibilität, Durchsetzung

Arbeitswelt: Habuhiah unterstützt medizinische Berufe, Landwirtschaft und Ökologie. In beruflichen Bereichen sorgt er stets für eine gute Ernte. Er fördert landwirtschaftlichen Sachverstand. Habuhiah versorgt mit schöpferische Energie und Kraft, vor allem nach schwierigen Phasen. Er schenkt Fähigkeiten, um Körper, Geist und Seele heilen zu können.

Umwelt: Habuhiah fördert die Liebe zur Natur, dem Landleben und weiten Ebenen und Räumen. Er unterstützt den Schutz von Insekten und stärkt das Wachstum von Pflanzen.

Familie / Liebe: Habuhiah vermittelt Frauen eine natürliche Dominanz. Er unterstützt den Einklang und die Synchronizität zwischen den Partnern und fördert die Fruchtbarkeit.

Seele: Habuhiah bringt die Seele ins Gleichgewicht, besonders nach Trennungen. Er verbindet Emotionen und Gedanken und befreit von unterdrückten Gefühlen. Habuhiah hilft synchron mit dem Selbst zu werden. Er lotet Wünsche, Verlangen und Sehnsüchte aus, bis sie realisierbar werden.

Spiritualität: Habuhiah bringt die Menschen in Einklang mit göttlichen Schwingungen und schenkt Vorahnungen. Er vermittelt spirituelle Therapiemöglichkeiten.

Schwächen: Wut, Aggression, Triebhaft, Zwietracht, Armut, Labil, Trennung, Parasiten, Doppelleben, Zwang, Kälte, Unterjochen, Dominanz, Melancholie

Heilung: alle Krankheiten, Impotenz, Unfruchtbarkeit, Kopferkrankungen, Infektionen, Gelenke, Zysten, Schüttelfrost, Legasthenie, Zähne, Akne, Verbrennungen, Nieren, Migräne, Lungen, Fieber, Rheuma

Sonstiges: Habuhiah schützt und schärft den Geruchssinn.

Engelart	Engel
Erzengel	Gabriel
Energie	Männlich
Planeten	Mond, Sonne
Element	Luft
Sternzeichen	Fische 10° - 15°
Farben	Grün, Violett, Rosa
Aromen	Sandelholz, Rose, Zimt
Stein	Diamant
Patron	Juristen, Notare, Richter
Gebet	Psalm 16,5 „Mein Hab und Gut bist du, Herr, und auch meine Zukunft gehört dir."
Physischer Engel	1. März bis 5. März
Emotionaler Engel	5. Januar, 17. März, 30. Mai, 13. August, 26. Oktober
Spiritueller Engel	22:40 bis 22.59 Uhr

Sigfinikant: Rückkehr

Gaben: Rechtschaffenheit, Ruhm, Reichtum, Schutz, Rückgabe, Balance, Kraft, Gerechtigkeit, Heilung, Bescheidenheit, Leichtigkeit, Sensibilität

Arbeitswelt: Rochel fördert das Studium und die Praxis der Wirtschaft, Jura oder Geschichte. Er kann für hohes Ansehen im Sinne der Gerechtigkeit sorgen, vor allem bei Richtern und Notaren. Rochel unterstützt vor Gericht, besonders in Erbschaftsangelegenheiten. Er fördert auch Tätigkeiten in der Verwaltung oder Buchhaltung und beim Erschaffen von Archiven oder Bibliotheken. Rochel hilft schwierige Situationen zu meistern und bei der Durchsetzung gegen Negatives. Er fördert das Entwickeln eigener Qualitäten. Rochel hilft beim Aufbau und Erhalt von Vermögen.

Umwelt: Rochel bringt Geben und Nehmen in Ausgleich.

Familie / Liebe: Rochel vereinigt männliche und weibliche Anteile und bringt die innere Polarität ins Gleichgewicht, was sich nach außen überträgt.

Seele: Rochel hilft die eigene Sehnsucht zu definieren.

Spiritualität: Rochel kann mit dem göttlichen Selbst verbinden. Er bringt die kosmische Geschichte näher. Er verbessert Intuition und Hellsicht. Rochel kann helfen schlechtes Karma aufzulösen.

Schwächen: Stolz, Habgier, Egoismus, Eifersucht, Gier, Größenwahn, Machtmissbrauch, Lüge, Ausschweifung, sexueller Missbrauch, Diebstahl, Verzerrung, Ruin, Unrecht, Promiskuität, Familienprobleme, Existenzangst

Heilung: verbessert alle Krankheiten, Angst, Augen

Sonstiges: Rochel schenkt eine außergewöhnlich starke Sehkraft. Er hilft Verlorenes und Gestohlenes wiederzubekommen.

70. Schutzengel JABAMIAH / YABAMIAH

Engelart	Engel
Erzengel	Gabriel
Energie	Weiblich
Planeten	Mond, Venus
Element	Wasser
Sternzeichen	Fische 15° - 20°
Farben	Grün, Blau
Aromen	Sandelholz, Rose, Veilchen
Stein	Aquamarin
Patron	Alchemie
Gebet	Genesis 1,1 „Am Anfang schuf Gott Himmel und Erde!"
Physischer Engel	6. bis 10. März
Emotionaler Engel	6. Januar, 18. März, 31. Mai, 14. August, 27. Oktober
Spiritueller Engel	23:00 bis 23:19 Uhr

Sigfinikant: Regeneration

Gaben: Kreativität, Mut, Antrieb, Fruchtbarkeit, Energie, Harmonie, Willen, Verwandlung, Begleitung, Jenseits, Empfänglichkeit, Reinigung, Sensibilität

Arbeitswelt: Jabamiah fördert das Studium der Philosophie, Psychologie und Alchemie. Er hilft neue, nützliche und wichtige Dinge zu erschaffen. Jabamiah regt Ideen an, die große Veränderungen bringen und allen nutzen. Er hilft Ziele zu finden und fixiert zu handeln. Jabamiah wehrt die Angst vor Veränderungen ab. Er unterstützt es, kreative Begabungen zu erkennen und auszuleben. Jabamiah kann aus Bösem alles Gute herausfiltern.

Umwelt: Jabamiah vermittelt das Anwenden der Resonanz – Gesetze von Anziehung und Abstoßung. Er schenkt eine charismatische Ausstrahlung. Gesellschaften mit guten Ideen verwandelt Jabamiah zu fruchtbaren Teams.

Familie / Liebe: Jabamiah sorgt für einen liebevollen Umgang in der Familie und kann zur großen Lebensliebe hinführen.

Seele: Jabamiah lehrt die Instinkte zu kontrollieren. Er unterstützt seelische Regenration durch Kreativität.

Spiritualität: Jabamiah unterstützt die Entwicklung der Spiritualität. Er hilft den geistigen Führer zu finden und selbst lehren und heilen zu können. Jabamiah kann Jenseitskontakte vermitteln.

Schwächen: negative Erlebnisse, Manipulation, Exzess, Konflikte, Kälte, Aggression, Isolation, Ablehnung, Konfrontation, Atheismus, Stau, Übergewicht, negative Erinnerungen, Triebhaft, Schwere, Festgefahren

Heilung: Jabamiah regeneriert Körper, Geist und Seele. Verdauungstrakt, Übergewicht, Essstörung, Magen, Darm, Niere, Leber, Gedächtnisschwund, Angststörungen, psychosomatische Erkrankungen, Alzheimer, Krebs

Sonstiges: Jabamiah verbessert die Geschmackssinne.
Er leitet Verstorbene ins Jenseits.

Engelart	Engel
Erzengel	Gabriel
Energie	Männlich
Planeten	Mond, Merkur
Element	Wasser
Sternzeichen	Fische 20° - 25°
Farben	Grün, Blasslila, Blassblau
Aromen	Zitrone, Lavendel, Jasmin
Stein	Diamant
Patron	Seelsorger
Gebet	Psalm 109,30 „Mit lauter Stimme will ich den Herrn preisen, inmitten der Menge will ich ihn loben."
Physischer Engel	11. bis 15. März
Emotionaler Engel	7. Januar, 19. März, 1. Juni, 15. August, 28. Oktober
Spiritueller Engel	23:20 bis 23:39 Uhr

Sigfinikant: Entwicklung

Gaben: Energie, Mut, Frieden, Sieg, Kühn, Führung, Kraft, Anpassung, Tapferkeit, Fairness, Willen, Kompetenz, Optimismus

Arbeitswelt: Haiaiel fördert Führungsqualitäten, strategischen Verstand, Aufnahmefähigkeit und Intelligenz. Er hilft Entscheidungen zu treffen. Haiaiel schenkt Sinn für Synthese. Neue Ideen und Gedanken, die verändern und die Welt verbessern können, werden durch ihn unterstützt. Haiaiel hilft komplizierte Ideen und Konzepte zu verstehen, zu entwickeln und umzusetzen. Er unterstützt es, Herr der Situation zu sein, alles im Griff zu haben und die Aufgaben zu meistern. Haiaiel fördert die Kommunikation.

Umwelt: Haiaiel hilft Korruption, Betrug und kriminelle Machenschaften aufzuklären. Er lässt Menschen zu Kriegern des Lichtes werden. Mit seiner Hilfe können Gut und Böse, Wahrheit und Lüge aufgedeckt und Feinde erkannt werden. Konflikte werden vermieden und das Gute vertreten. Haiaiel schenkt Ausdauer, um intensiv zuhören zu können.

Familie / Liebe: Haiaiel unterstützt offene, friedvolle, stabile Beziehungen, die sich weiterentwickeln.

Seele: Haiaiel schenkt Optimismus und Klarheit, um Stress und Druck abwehren und innere Kriege beenden zu können.

Spiritualität: Haiaiel versorgt mit Hellhörigkeit. Er schenkt göttliche Inspiration und Schutz für große, positive Werke. Haiaiel lässt den inneren Helden erblühen.

Schwächen: Verleumdung, Verdächtigung, Verrat, Unterdrückung, Rache, Tyrannei, böse Gedanken, gefährliches Umfeld, Lüge, Zwietracht, Terror, Revolution, Manipulation, Trennung, Konfrontation, Extremismus

Heilung: Ohren

Sonstiges: Haiaiel verstärkt und verfeinert das Gehör.

72. Schutzengel MUMIAH

Engelart	Engel
Erzengel	Gabriel
Energie	Weiblich
Planet	Mond
Element	Wasser
Sternzeichen	Fische 25° - 20°
Farben	Grün, Türkis, Hellblau
Aromen	Lotus, Rose, Sandelholz
Stein	Türkis
Patron	Ärzte, Wunder
Gebet	Psalm 116,7 „Beruhige dich, meine Seele, denn der Herr hat dir Gutes getan."
Physischer Engel	15. bis 19. März
Emotionaler Engel	14. März, 30. Mai, 10. August, 21. Oktober, 1. Januar
Spiritueller Engel	23:40 bis 23:59 Uhr

Sigfinikant: Heilkraft

Gaben: Offenbarung, Berührung, Auferstehung, Langelebigkeit, Gesundheit, Kraft, Willen, Sensibilität, Empfänglichkeit, Mystik, Neuanfang

Arbeitswelt: Mumiah fördert wissenschaftliche Studien der Arzneimittel, Medizin und Psychometrie und kann bis zur Berühmtheit in diesen Wissenschaften führen. Mumiah unterstützt neue Existenzformen. Er begleitet Ende, Übergang und Neuanfang von Projekten und weist stets auf den richtigen Weg. Er schenkt einen offenen Geist und Bewusstsein.

Umwelt: Mumiah lässt die natürliche Ordnung begreifen und akzeptieren, zeigt die Wichtigkeit der Zyklen und Erlebnisse des Daseins auf, die zu großer Lebenserfahrung führen. Er unterstützt es, Kranken und Senioren beizustehen.

Familie / Liebe: Mumiah unterstützt sensible Partnerschaft. Er fördert zärtliche Berührungen.

Seele: Mumiah schenkt Kraft zum Loslassen von Altlasten und befreiter Weiterentwicklung.

Spiritualität: Mumiah vermittelt hohe Einweihungen und Transformationen. Er öffnet neues kosmisches Wissen, auch über Reinkarnation. Er schenkt mediale Fähigkeiten und mystische Erfahrungen. Mumiah kann Engelhafte Veränderungen auslösen und Träume realisieren.

Schwächen: Manipulation, Ruin, Streit, Zweifel, Atheismus, Sackgasse, Müdigkeit, Trostlosigkeit, Aufgabe, Nachlässigkeit, Selbstzerstörung, Depression, Stagnation, Zusammenbruch, Obdachlosigkeit

Heilung: Depression, Angst, Erschöpfung, Müdigkeit, Darm, Tumore, Krebs, Suizidgedanken, Selbsheilung, Wunderheilung

Sonstiges: Mumiah schenkt Glück durch die Wunder der Schöpfung. Er begleitet Sterbende und den Übergang ins Jenseits.

Gebets – Beispiele

Vehuiah	1	Neuanfang
Elemiah	4	Beruflicher Neuanfang
Haaiah	26	Beruflicher Erfolg
Lelahel	6	Glücksbringer
Aladiah	10	Glücksbringer
Kahetel	8	Schwangerschaft und Geburt
Mebahiah	55	Fortpflanzung und Geburt
Harahel	59	Fruchtbarkeit
Haziel	9	Freundschaften
Khavaquiah	35	Freundschaften
Hakamiah	16	Liebeskummer
Haamiah	38	Liebe finden
Ariel	46	Wunscherfüllung
Yerathel	27	Schutz vor Feinden
Yeialel	58	Krankheiten lindern
Seheiah	28	Wunderheilung
Hariel	15	Sucht
Mihael	48	Psychische Krankheiten
Hahasiah	51	Selbstheilung
Sealiah	45	Tiere heilen
Mumiah	72	Trauerarbeit, Sterbehilfe

Quellen, Literatur – und Internettipps

Literatur:

Die Engel deines Lebens von Jean Marie Paffenhoff
Engel, eine bedrohte Art von Malcolm Godwin
Erzengel, lichtvolle Helfer von Waltraud Maria Hulke
Das Licht der Engel von Ferry Lackner
Die Anrufung der 72 Genien von O. Ganser

Internet:

engelundwir.de
spiegelstunden.com
wiki.yoga-vidya.de
ucm.center

Weitere Bücher von Kerstina von Hagenberg

Power für die Seele – Ein Leitfaden für den Alltag mit
Positiver Psychologie

EQ – Das Herz im Hirn – Ein Leitfaden für den Alltag mit
emotionaler Intelligenz

Chakren, die Energiewirbel – Eine Einführung in die Energie
der Chakren

Die Seelen der Farben – Leitfaden für einen farbenfrohen Alltag

Schlafen und träumen – Ein Leitfaden durch die Aktivitäten
der Ruhephasen

Ayurveda, die Wissenschaft vom Leben – Eine Einführung in
die indische Heilkunde